# 전우치전

## The Story of Jeon Woo-chi

# 머리말

　"다락원 한국어 학습문고" 시리즈는 대표적인 한국 문학 작품을 한국어 학습자들의 읽기 수준에 맞도록 재구성하여 쉽고 재미있게 독해력을 증진할 수 있도록 하였습니다. '국제 통용 한국어 표준 교육 과정'과 '한국어 교육 어휘 내용 개발'을 기준으로 초급부터 고급(A1~C2)으로 구분하여 지문을 읽으면서 각자의 수준에 맞는 필수 어휘와 표현을 자연스럽게 익힐 수 있습니다.

　시대적 배경과 관련된 어휘에는 별도의 설명을 추가하여 그 당시 문화에 대해 이해하면서 본문을 읽을 수 있도록 하였습니다. 더불어 의미 전달에 충실한 번역문과 내용 이해 문제를 수록하여 자신의 이해 정도를 점검하고 확인할 수 있도록 하였고, 전문 성우가 직접 낭독한 음원을 통해 눈과 귀를 동시에 활용한 독해 연습이 가능하도록 하였습니다.

　"다락원 한국어 학습문고" 시리즈를 통해 보다 유익하고 재미있는 한국어 학습이 되시길 바랍니다.

다락원 한국어 학습문고
저자 대표 **김유미**

# Preface

The Darakwon Korean Readers series adapts the most well-known Korean literary works to the reading levels of Korean language learners, restructuring them into simple and fun stories that encourage the improvement of reading comprehension skills. Based on the "International Standard Curriculum for the Korean Language" and "Research on Korean Language Education Vocabulary Content Development", the texts have been graded from beginner to advanced levels (A1–C2) so that readers can naturally learn the necessary vocabulary and expressions that match their level.

With supplementary explanations concerning historical background, learners can understand the culture of the era as they read. In addition, students can assess and confirm their understanding with the included reading comprehension questions and translations faithful to the meaning of the original text. Recordings of the stories by professional voice actors also allow reading practice through the simultaneous use of learners' eyes and ears.

We hope that the Darakwon Korean Readers series will provide learners with a more fruitful and interesting Korean language learning experience.

Darakwon Korean Readers
Kim Yu Mi, Lead Author

# 일러두기
## How to Use This Book

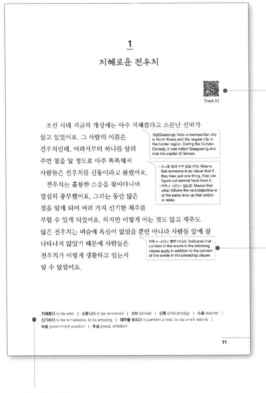

### 듣기 Listening

QR 코드를 통해 전문 성우가 녹음한 정확하고 생생한 작품 낭독을 들을 수 있습니다.

Using the corresponding QR codes, learners can access professional recordings of the story.

### 해설 Notes

학습자들이 내용을 이해하는 데 필요한 한국어 문법, 표현, 어휘, 속담, 문화적 배경 등을 알기 쉽게 설명함으로써 별도로 사전을 찾을 필요가 없도록 하였습니다.

Explanations of essential Korean grammar, expressions, vocabulary, proverbs, cultural background, etc. are provided to learners to aid understanding without the need to consult a separate dictionary.

### 어휘 설명 Vocabulary Explanation

각 권의 수준에 맞춰 본문에서 꼭 알아야 하는 필수 어휘를 영어 번역과 함께 제시하였습니다.

English translations are provided for the essential vocabulary matched to the level of each title.

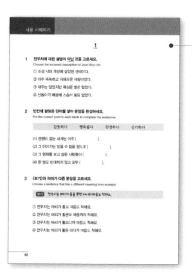

## 내용 이해하기 Reading Comprehension

다양한 문제를 통해 본문 내용 이해와 함께 해당 레벨에서 알아야 할 문형과 어휘를 다시 한번 확인할 수 있습니다.

Learners can check their understanding of the main text while also reviewing the essential sentence patterns and vocabulary for their level through various comprehension questions.

## 본문 번역 Text Translations

한국어 본문 내용을 정확히 이해할 수 있도록 의미 전달에 충실한 영어 번역을 수록하였습니다.

An English translation faithful to the original text is included to ensure an exact understanding of the original Korean story.

## 모범 답안 Answers

모범 답안과 비교하며 자신의 이해 정도를 스스로 평가하고 진단할 수 있습니다.

Learners can self-evaluate and assess their level of understanding by comparing their answers to the answer key.

# 작품 소개

## 전우치전

"전우치전"은 누가, 언제 이 이야기를 만들었는지 정확히 알 수 없습니다. 내용이 다른 몇 가지의 이야기가 전해지는데, 처음의 내용에서 전체적인 줄거리만 간단히 정리해서 전해지는 것도 있고, 완전히 다른 내용의 이야기도 있습니다. 하지만 여러 이야기 모두 전우치가 조선 중종 때 실존 인물이었다는 것과 도술에 뛰어났다는 점은 공통적입니다.

"전우치전"의 전체적인 흐름이 "홍길동전"과 비슷하기 때문에 두 소설을 비교하는 사람들이 많습니다. 홍길동과 전우치 모두 도술을 부리며 약자를 돕고 부패한 권력층을 혼내 주는 영웅의 이야기이기 때문입니다. 그러나 사회를 비판하는 내용이 많은 "홍길동전"에 비해 "전우치전"은 전우치가 부리는 다양한 도술과 그가 만난 다양한 사람들의 모습에 좀 더 집중하고 있습니다. 그만큼 유쾌하고 재기발랄한 서술로 진행되기 때문에 독자의 흥미를 끄는 요소가 많습니다.

전우치가 부리는 도술은 판타지적 요소가 강합니다. 그런 신비한 도술을 사용해 어려움에 처한 사람들을 돕고 나쁜 권력층들을 혼내 주는 모습은 독자들을 위로하는 한편, 대리 만족을 느낄 수 있도록 합니다. 완벽하게 선한 영웅의 모습보다는 장난기 많은 친구 같은 모습의 전우치와 함께 "전우치전" 속 판타지의 세계에 들어가 봅시다.

# Introduction to the Story

## The Story of Jeon Woo-chi

We don't know exactly who created "The Story of Jeon Woo-chi" or when it was created. There are several versions that differ in content, with some providing just a simple summary of events and some with completely different content. However, all of them have in common that Jeon Woo-chi was a figure who lived during the reign of King Joongjong in the Joseon Dynasty, and that he performed remarkable Taoist magic.

Because the overall flow of "The Story of Jeon Woo-chi" and "The Story of Hong Gildong" is similar, many people compare the two stories. This is because the stories of Hong Gildong and Jeon Woo-chi are of heroes who use Taoist magic to help the weak and punish the corrupt ruling class. However, compared to "The Story of Hong Gildong," which contains many criticisms of society, "The Story of Jeon Woo-chi" focuses on the various magic tricks Jeon Woo-chi performs and the various people he meets. Because of the delightful and witty narration, it contains many elements that attract the reader's interest.

The magic that Jeon Woo-chi performs has a strong element of fantasy. Readers are comforted and can feel a vicarious satisfaction seeing him use this mysterious magic to help people in trouble and punish wicked members of the ruling class. Let's enter the fantasy world of "The Story of Jeon Woo-chi" together with a hero who, rather than being perfectly good, is more like a playful friend.

# 목차

## Table of Contents

# 전우치전

## The Story of Jeon Woo-chi

# 등장인물

## Characters

### 전우치
**Jeon Woo-chi**

개성에 사는 지혜로운 선비. 도술을 잘 부리며, 도술로 가난하고 어려운 사람들을 도와준다.

A wise scholar who lives in Gaeseong. He is skilled with Taoist magic and uses it to help people who are poor and suffering.

### 임금
**The King**

조선을 다스리는 왕. 전우치의 도술에 속기만 하다가 자신이 하는 일에 전우치를 이용한다.

The king who leads Joseon. He is fooled by Jeon Woo-chi's magic and uses Jeon Woo-chi in his own work.

### 이 씨
**Mr. Lee**

아들이 억울한 일로 죽을 위험에 처해 슬픔에 빠져 있는 노인. 전우치의 도움으로 아들이 누명을 벗게 된다.

An old man who has fallen into sadness after his son was close to death under unfair circumstances. With Jeon Woo-chi's help, his son's name is cleared.

### 한자경
**Han Ja-gyeong**

가난을 슬퍼하는 젊은이. 전우치가 도와주지만 너무 큰 욕심 때문에 다시 어려움을 겪게 된다.

A poor and sad young man. Jeon Woo-chi helps him, but due to his excessive greed, he gets into trouble again.

### 엄준
**Eom Joon**

함경도 산속에 사는 산적의 두목. 키가 크고 힘이 세서 나쁜 일을 많이 하다가 전우치에게 혼이 난다.

The leader of the bandits. He lives at Mountain in Hamgyeong-do Province. He is tall and strong and does many bad things, and is scolded by Jeon Woo-chi.

### 서화담
**Seo Hwa-dam**

산속에서 도를 닦으며 사는 착한 선비. 자신의 재주를 자랑하던 전우치에게 커다란 깨우침을 준다.

A kind scholar who lives in the mountains where he cultivates his spirit. He brings great realization to Jeon Woo-chi, who was showing off his talents.

# 1
# 지혜로운 전우치

Track 01

조선 시대 지금의 개성에는 아주 지혜롭다고 소문난 선비가 살고 있었어요. 그 사람의 이름은 전우치인데, 어려서부터 하나를 알려 주면 열을 알 정도로 아주 똑똑해서 사람들은 전우치를 신동이라고 불렀어요.

> 개성(Gaesong): Now a metropolitan city in North Korea and the largest city in the border region. During the Goryeo Dynasty, it was called Gaegyeong and was the capital of Goryeo.

> • 하나를 알려 주면 열을 안다: Means that someone is so clever that if they hear just one thing, they can figure out several facts from it.
> • V/A + -(으)ㄹ 정도로: Means that what follows the verb/adjective is at the same level as that action or state.

전우치는 훌륭한 스승을 찾아다니며 열심히 공부했어요. 그러는 동안 많은 것을 알게 되어 여러 가지 신기한 재주를 부릴 수 있게 되었어요. 하지만 이렇게 아는 것도 많고 재주도 많은 전우치는 벼슬에 욕심이 없었을 뿐만 아니라 사람들 앞에 잘 나타나지 않았기 때문에 사람들은 전우치가 어떻게 생활하고 있는지 알 수 없었어요.

> V/A + -(으)ㄹ 뿐만 아니라: Indicates that content of the words in the following clause apply in addition to the content of the words in the preceding clause.

---

지혜롭다 to be wise | 소문나다 to be renowned | 선비 scholar | 신동 child prodigy | 스승 teacher | 신기하다 to be remarkable, to be amazing | 재주를 부리다 to perform a feat, to use one's talents | 벼슬 government position | 욕심 greed, ambition

어느 날 나라 전체에 심한 가뭄이 들어 사람들의 생활이 아주
힘들어졌어요. 하지만 벼슬하는 사람들은 힘든 사람들을 돌보지
않고 서로 힘 싸움만 하고 있었어요. 살기 좋은 나라를 만들겠다고
마음을 먹은 사람들만 나라를 걱정했어요. 전우치도 그런 사람들
중 한 사람이었기 때문에 생활이
어려운 사람들을 조금이라도 돕기
위해 길을 떠났어요.

> 마음을 먹다: Used to mean that one makes a promise to oneself in one's mind.

흰 눈이 내린 새해 아침, 대궐에서는 왕이 신하들에게 새해
인사를 받고 있었어요. 그때 대궐 지붕 위로 아름다운 색깔의
구름이 나타나더니 그곳에서 목소리가
들렸어요.

> • V/A + -더니: Expresses an action or situation that follows a fact learned through observation in the past.
> • N + 을/를 통해(서): Used with a noun to mean that the noun becomes a means or opportunity for some action, or comes into a certain state.

"왕은 어서 나와서 옥황상제께서
나를 통해 전하시는 말씀을 들어라."

하늘과 땅을 다스리는 옥황상제의
말씀이라고 하니까 왕과 신하들은 깜짝 놀라 하늘을 쳐다보았어요.
아름답게 빛나는 구름 속에서 밝은 초록색 옷을 입은 사람이 어린
소년 한 명과 함께 서 있었어요.

초록색 옷을 입은 사람이 말했어요.

---

**가뭄이 들다** to have a drought  |  **대궐** palace  |  **지붕** roof  |  **옥황상제** the Jade Emperor  |  **다스리다**
to rule, to control  |  **신하** servant, retainer

"옥황상제께서는 인간 세상에서 힘들게 살다 죽은 사람들을 위해서 하늘에 궁을 지으려고 하신다. 그래서 땅에 있는 여러 나라의 왕들에게 금으로 만든 대들보를 하나씩 바치라고 하셨다. 그러니까 넓고 크게 만든 금 대들보를 삼월 보름날까지 준비하여 하늘에 바쳐라."

> • 대들보: Refers to a beam that crossed between pillars to support a roof. A beam is a horizontal structure that supports the weight of the upper part of a roof.
> • 보름날: In the lunar calendar, the 15th day of each month.

이렇게 말한 후 오색구름을 타고 다시 하늘로 사라졌어요. 사람들은 여기저기서 떠들기 시작했어요. 그때 대궐 안에서 한 신하가 나와 왕에게 이렇게 말했어요.

"금으로 대들보를 만들려면 많은 금이 필요할 테니까 나라 안의 모든 사람들에게 알려야 할 것 같습니다. 사람들에게 각자 가지고 있는 금을 모두 나라에 바치라고 해야 합니다."

> V/A + -(으)ㄹ 테니까: Expresses the speaker's guess and is mainly used when one is strongly confident that the action or state will appear in a certain circumstance.

주변에 있던 신하들이 모두 이 말에 찬성했어요. 왕은 바로 신하들에게 나라 안에 있는 모든 금을 모으라고 명령했어요.

> A/V + -았/었/였던: Used with a verb or adjective to mean that at some point in the past, that action was done or something was in that state.

그리고 금을 모은 후 옥황상제가 말한 것과 똑같이 큰 대들보를 만들라고 했어요. 완성된 대들보를 보고 왕은 안심하며 크게 기뻐했어요.

---

짓다 to build | 바치다 to offer up | 오색구름 five-colored cloud | 찬성하다 to agree | 명령하다 to order, to command | 완성되다 to be completed | 안심하다 to be relieved

마침내 옥황상제가 말한 삼월 보름날이 되었고, 지난번처럼
아름다운 구름 사이에서 한 사람이 나타났어요. 모두 고개를 숙이고
엎드려서 옥황상제가 보낸 사람을
맞이했어요. 그리고 그 사람이 하는
말에 귀를 기울였어요.

> • 고개를 숙이다: An action mainly seen when someone presents themselves humbly in front of someone else.
> • 귀를 기울이다: (lit. to lean one's ear) Used to mean listening well with concentration to what someone says.

"이 나라의 왕이 하늘의 뜻을
잘 지켰으니 그 정성을 칭찬해 주겠다. 당신과 같은 왕이 있는 이
나라에서는 모든 사람들이 평화롭게 살게 될 것이다. 앞으로도 계속
하늘을 더 많이 존경해야 한다."

그 사람은 이렇게 말하더니 학을 타고 구름 사이로 사라졌어요.
왕은 나라에 많은 복을 줄 것이라는 옥황상제의 말을 듣고 아주
기뻐했어요.

그러던 어느 날, 대궐 안이 시끄러워졌어요. 대궐에 나타나 금
대들보를 가져간 사람이 옥황상제가 하늘에서 보낸 사람이 아니라
전우치라는 소문이 전해졌기 때문이에요. 전우치가 도술로 자신의
모습을 잠시 다른 사람의 모습으로 바꾼 것이라는 소문이었어요.

---

마침내 at last, finally | 엎드리다 to bow down | 맞이하다 to greet | 정성 sincerity | 평화롭다 to be
peaceful | 존경하다 to respect | 학 crane | 복 luck | 도술 Taoist magic

이런 소문이 난 이유는 전우치가 갑자기 금 대들보를 팔아서 쌀과 다음 해 농사를 위한 씨앗을 산 후 사람들에게 똑같이 나누어 주었기 때문이었어요. 사람들은 자신들의 어려운 상황을 이해하고 도와주는 전우치에게 매우 고마워했어요. 그리고 나라에서도 하지 못하는 일을 하는 전우치가 정말 훌륭한 사람이라고 생각해서 전우치를 아주 존경했어요.

그러나 전우치는 사람들에게 칭찬을 듣는 것이 오히려 부끄러웠어요. 가난으로 힘들어하는 사람을 돕는 것은 당연한 일이라고 생각했기 때문이에요. 전우치는 자신의 생각을 전하기 위해서 글을 쓴 다음, 사람들이 잘 볼 수 있는 곳에 붙였어요.

"이번 가뭄 때문에 아무것도 먹지 못하고 힘들게 지내는 사람들이 많은데 왕과 신하들이 이 사람들을 제대로 돌보지 않는 모습을 더 이상 볼 수 없었습니다. 그래서 제가 하늘 대신 금 대들보를 만들라고 했습니다. 그리고 그것의 절반을 팔아서 쌀과 씨앗을 산 후 사람들에게 나누어 주었습니다. 이 일은 사람이라면 누구나 해야 하는 일입니다. 그 쌀은 원래 여러분의 것이니까 쌀을 나누어 준 저를 칭찬하지 마시고 마음 편히 드십시오. 그리고 내년 농사를 다시 열심히 준비하시기 바랍니다."

씨앗 seeds | 상황 circumstances, situation | 오히려 if anything, rather, all the more | 가난 poverty |
당연하다 to be natural | 대신 in place of, instead of | 절반 half

전우치가 바라는 것은 사람들이 평화롭게 사는 것뿐이었어요.
사람들은 전우치의 글을 읽고 그의 따뜻한 마음에 감동했어요. 보통
사람들이 전우치를 칭찬하는 반면에 대궐의 신하들은 전우치 때문에
매우 화가 났어요. 자신들을

> • V/A + -는 반면(에): Means that the situations that
> precede and follow it are different or opposite
> to one another.
> • 입을 모으다: (lit. to gather mouths): Used to mean
> that two or more people to speak all in unison.

속여서 사람들에게 인기를 얻는
전우치가 마음에 들지 않았어요.
그래서 많은 신하들이 왕에게 입을 모아 이렇게 말했어요.

"전우치는 왕을 속이고 나라를 시끄럽게 한 죄인입니다. 이렇게
큰일을 저지른 사람은 마땅히 잡아서 벌을 주어야 합니다."

그 후 대궐에서는 전우치를 잡으라는 글을 써서 곳곳에 붙이기
시작했어요.

감동하다 to be touched, to be moved  |  보통 ordinary  |  속이다 to be fooled  |  죄인 criminal  |
큰일 serious trouble  |  저지르다 to commit  |  마땅히 rightly, properly  |  벌 punishment

# 2

# 병 속의 전우치

Track 02

　대궐에서 자신을 잡으려고 한다는 소문을 듣고 전우치는 기분이
나빴어요. 대궐의 신하들이 전우치를 잡아서 자신들의 강한 힘을
자랑하려고 하기 때문이었어요. 전우치는 신하들에게 자신들의
힘이 얼마나 약한지 알려 줘야겠다고 생각했어요. 그래서 사람들이
많이 지나다니는 곳으로 나가 예전에 팔고 남은 대들보를 놓고 큰
목소리로 외쳤어요.

　"금 사세요!"

　그때 지나가던 한 포졸이 전우치가 의심스러워서 이렇게 물었어요.

　"지금 나라 안에는 금이 하나도 없는데 이렇게 많은 금이 도대체
어디서 났습니까?

　"허허. 금은 당연히 금이 있는 땅에서 나오겠지요. 왜요? 이 금을
사고 싶으십니까?"

　그 말을 듣고 포졸은 전우치를 어떻게 잡을지 생각하며 말했어요.

　"당신은 어디에 삽니까? 지금은 돈이 없으니 내일 그곳으로
찾아가 금을 사겠습니다."

---

예전에 previously　|　포졸 police officer (during the Joseon Dynasty)　|　의심스럽다 to be suspicious　|
도대체 on earth (follows a question word, e.g. "where on earth...")

포졸의 말에 전우치는 자신이 잠시 지내고 있는 곳을 말해 주었어요. 포졸은 그 말을 듣자마자 달려가 태수에게 알렸어요. 태수는 깜짝 놀라며 말했어요.

"그것은 틀림없이 금 대들보의 절반이다. 그 사람은 전우치가 분명하니 어서 잡아 와라!"

> • V + –자마자: Used when an action occurs in the short time just after another action is completed.
> • 태수: A government position that was in charge of regional administration, equivalent to today's local government.

태수의 말이 끝나자마자 힘센 포졸 열 명 정도가 전우치를 잡으러 달려갔어요. 그런데 전우치는 포졸들이 자신을 잡으러 올 것을 이미 알고 있었던 것처럼 전혀 놀라지 않고 말했어요.

"저 때문에 고생이 많으십니다. 하지만 저는 죄가 없으니 당신들이 잡아갈 수 없습니다. 그리고 태수에게 가서 전하십시오. 전우치를 잡아가려면 열 명 정도로는 안 된다고. 하하하."

포졸들은 할 수 없이 돌아가 이 사실을 태수에게 전했어요. 태수는 전우치가 나타났다는 사실을 대궐에 알린 후 수백 명의 포졸들을 모았어요. 이 소식을 들은 왕은 불같이 화를 내며 전우치에게 직접 벌을 주겠다고 마음먹었어요.

> 불같이 화를 내다: (lit. to be angry like fire) Used to metaphorically indicate that someone is frighteningly angry.

수백 명의 포졸들이 전우치를 잡으러 왔지만 전우치는 전혀 두려워하지 않고 말했어요.

---

**틀림없이** without a doubt, certainly | **분명하다** to be clear, to be obvious | **고생** difficulty, hard work | **죄** crime, sin | **수백** hundreds | **마음먹다** to make up one's mind | **두려워하다** to be afraid

"아무리 많은 포졸들이 저를 잡으려고 해도 소용없습니다. 잡을 수 있다면 한번 잡아 보세요!"

> (아무리) V + -(으)려고 해도 소용없다: Expresses that an action like the verb is impossible by any means.

포졸들이 달려들어 전우치를 쇠사슬로 꽁꽁 묶었어요. 그때 누군가가 뒤에서 큰 소리로 말했어요.

"아직도 저를 잡지 못했습니까?"

포졸들이 깜짝 놀라 전우치를 묶어 놓은 곳을 보니 이미 그곳에는 아무도 없었어요. 이때 전우치는 자신의 몸을 작게 만들어 근처에 있던 병 속으로 들어갔어요. 포졸들은 모두 정신을 차리고 달려가 병의 입구를 막았어요. 그런 다음 포졸의 대장은 병을 들고 왕이 기다리고 있는 관청으로 달려가 작은 병을 내놓았어요.

"이 속에 전우치가 들어 있습니다."

그 말을 듣고 왕은 깜짝 놀라며 말했어요.

"아무리 도술을 잘해도 어떻게 그 작은 병 속에 사람이 들어갈 수 있단 말인가?"

그러자 병 속에서 전우치의 목소리가 들렸어요.

"여기 갇혀 있으니 너무 답답합니다. 저 좀 꺼내 주십시오."

---

달려들다 to leap at  |  쇠사슬 chains  |  꽁꽁 tightly  |  묶다 to tie  |  정신을 차리다 to come to one's senses, to collect oneself  |  막다 to block  |  관청 government office  |  내놓다 to present (something to someone)  |  갇히다 to be trapped

왕은 그 목소리를 듣고 전우치가 그 병 속에 들어 있다는 사실을 믿게 되었어요. 그러나 병 속의 전우치를 어떻게 처리해야 할지 몰랐어요. 잠시 후 옆에 있던 한 신하가 말했어요.

"전우치는 도술을 쓸 줄 아는 사람입니다. 그러니까 병 속에서 꺼내 주지 말고 병의 입구를 막은 채 그대로 펄펄 끓는 기름 솥에 넣는 것이 좋을 것 같습니다."

> V + -(으)ㄴ 채(로): Used to mean that the action in the following clause is done in the state of the ongoing action in the preceding clause.

왕은 그 신하의 말이 맞는다고 생각했어요. 왜냐하면 마음대로 도술을 부리는 전우치를 꺼내 주면 아주 큰 위험이 있을 것 같았기 때문이었어요. 왕이 명령하자 포졸들이 그 병을 뜨거운 기름 솥에 넣었어요. 그런데 병 속에서 여전히 전우치의 목소리가 들렸어요.

"집이 가난해서 항상 춥게 지냈는데 병 속을 이렇게 따뜻하게 만들어 주시니 참으로 감사합니다."

이 말에 왕은 머리끝까지 화가 나서 이렇게 말했어요.

"이 나쁜 놈이 들어 있는 병을 당장 솥에서 꺼내 가루가 되도록 깨뜨려 버려라."

> • 머리끝까지 화가 나다: (lit. to be angry to the top of one's head) Used to mean that someone is seriously angry.
> • 놈: A low word for a man, with the meaning of disparaging the target.

포졸들은 솥에서 병을 꺼낸 후 아주 무거운 망치로 깨뜨렸어요. 하지만 이때 전우치는 이미 다른 곳으로 사라져 버린 다음이었어요.

---

**처리하다** to deal with, to dispose of | **펄펄** bubbling, roiling | **솥** pot, cauldron | **마음대로** as one pleases | **당장** immediately | **가루** powder, dust | **깨뜨리다** to crush | **망치** hammer

하늘에서 전우치의 목소리가 들려 왔어요.

"이제 전우치는 떠납니다."

이제 왕과 신하들은 전우치를 절대로 잡을 수 없다는 것을 알게
되었어요. 한 신하가 왕에게 이렇게 말했어요.

"전우치는 이상한 도술을 쓰는 사람이라 함부로 대할 수가
없습니다. 그러니까 전우치의 마음을 움직여 대궐로 부른 후에
적절한 시기에 없애 버려야 합니다."

이 말을 들고 왕은 전우치가 스스로 대궐로 오게 하기 위해 모든
사람들이 볼 수 있는 곳에 글을

붙여 놓았어요.

> V + -기 위해(서): Expresses that the preceding action is the goal or intention of the action that follows.

> "전우치는 이 나라에 큰 죄를 지었지만 힘든 사람들을 도우려는
> 마음을 크게 칭찬한다. 또 지식과 재주가 훌륭하니 벼슬에 올라 더
> 좋은 일을 해 주기를 바란다. 지금까지 있었던 일은 없던 것으로
> 할 테니 새로운 마음으로 대궐에
> 들어와서 왕인 내가 내리는
> 벼슬을 받아라."

> 벼슬: Means a government position to which taking charge of affairs of the state is entrusted, and 벼슬에 오르다 means for someone to receive such a position.

이 소문은 곧 나라 전체에 퍼졌어요.

---

절대로 never  |  함부로 recklessly  |  대하다 to treat  |  적절하다 to be appropriate, to be proper  |
시기 moment, time  |  없애다 to dispose of, to get rid of  |  지식 knowledge

# 3

## 거울 속의 전우치

Track 03

　한편 대궐을 빠져나온 전우치는 구름을 타고 다니며 억울한 일을 당하는 사람들을 도와주었어요. 어느 날 길을 가다가 머리가 하얀 노인이 매우 슬프게 우는 것을 보았어요. 전우치는 그 노인에게 가서 왜 우는지 물어보았어요.

　"나는 이 마을에 사는 이 씨라고 합니다. 올해 일흔 세 살인데, 하나밖에 없는 아들이 억울한 일을 당해 옥에 갇혀서 너무 가슴이 아픕니다."

　"제가 크게 도울 수는 없겠지만 어떤 억울한 일인지 한번 말씀해 주십시오."

　"내 아들이 왕 씨라는 사람과 친하게 지냈는데 그 사람의 아내가 조 씨라는 사람과 사귀게 되었습니다. 그 사실을 왕 씨가 알고 조 씨와 크게 싸웠지요. 그것을 목격한 내 아들이 싸움을 말렸고 모두 집으로 돌아갔습니다."

　노인은 분한 표정을 감추지 못하고 말을 계속 이어갔어요.

---

한편 meanwhile | 빠져나오다 to escape | 억울하다 to be unfair, to be upsetting | 당하다 to suffer, to undergo | 옥에 갇히다 to be in jail | 목격하다 to witness | 싸움을 말리다 to stop a fight | 분하다 to be angry | 표정 facial expression | 감추다 to hide something

"그런데 집으로 돌아간 왕 씨는 며칠 동안 앓다가 그만 죽어 버렸습니다. 그리고 친척들이 관리들에게

> (그만) V + -아/어/여 버리다: Means that an action has finished and has been changed into a state that can no longer be helped.

그 사실을 알렸지요. 그래서 조 씨와 함께 내 아들도 옥에 갇혔습니다. 내 아들은 싸움을 말렸을 뿐인데……."

"저런, 싸움을 말리기만 했는데도 말입니까?"

"하지만 조 씨는 판서 양문덕에게 많은 돈을 주고 옥에서 나올 수 있었습니다. 반면 아무 죄도 없는 내 아들은 살인 누명을 쓰고 재판을 받게 되었고요. 세상에 이렇게 분하고 억울한 일이 또 있겠습니까?"

> • 판서: In the Joseon Dynasty, the highest position of the six ministries of government.
> • 누명을 쓰다: Means for someone's reputation to suffer because of something untrue.

노인은 이렇게 말하면서 슬프게 울었어요. 전우치는 슬퍼하는 노인을 위로하면서 말했어요.

"어르신, 억울한 누명은 꼭 벗겨지게 마련이니 너무 가슴 아파하지 마십시오."

> V/A + -게/기 마련이다: Means for the same action as the verb or the same state as the adjective to occur every time under certain conditions.

그리고 전우치는 한 줄기의 바람으로 변신해 양 판서의 집으로 들어갔어요. 양 판서는 그때 자신의 집 안방에서 거울을 보고 있었어요. 마침 잘됐다고 생각한 전우치는 죽은 왕 씨의 모습으로 변신해 양 판서가 보고 있는 거울 속으로 들어갔어요.

---

앓다 to suffer, to be ill | 살인 murder | 누명 false charge | 재판 trial | 위로하다 to comfort | 어르신 sir, ma'am (a polite way of addressing an older person) | 벗겨지다 to come off, to be removed | 줄기 wisp, stream (a thin stream of something) | 변신하다 to transform

"나는 조 씨에게 맞아 죽은 왕 씨입니다. 나를 죽인 것은 조 씨인데 왜 아무 죄도 없는 이 씨의 아들이 옥에 갇혀 있습니까? 지금이라도 늦지 않았으니 그 젊은이를 풀어 주고 조 씨를 옥에 가두십시오. 그렇지 않으면 대궐로 가서 당신의 잘못을 모두 다 알리겠습니다."

전우치는 이렇게 말하고 다시 바람이 되어 사라졌어요. 겁이 난 양 판서는 이 사실을 알리기 위해 바로 조 씨를 불렀어요. 양 판서의 이야기를 듣고도 조 씨는 전혀 두려워하지 않았어요. 그때 다시 죽은 왕 씨의 모습으로 변신한 전우치가 나타나서 말했어요.

"조 씨, 이 나쁜 놈! 내 아내를 빼앗고 나를 죽인 데다가 이제는 죄도 없는 사람에게 누명까지 씌우려고 하니 정말 천벌을 받을 사람이군!"

> V + -(으)ㄴ/는 데다가: Means that in addition to doing the action of the verb, another action is done that makes the situation more serious than the action that precedes it.

두 사람은 죽은 왕 씨의 모습에 크게 놀랐고, 두려움을 느낀 조 씨는 결국 양 판서에게 모든 것을 사실대로 말했어요. 양 판서는 억울한 누명을 쓴 이 씨의 아들을 풀어 주고 조 씨를 잡아서 가두었어요.

> N + 대로: Comes immediately after a noun and is used to mean "in the same shape or state as that noun."

살아서 돌아온 아들을 본 노인은 너무 기뻐 아들을 꼭 껴안고 울었어요. 전우치는 노인과 아들의 모습을 따뜻한 시선으로 바라보다가 다시 구름을 타고 다른 곳으로 떠났어요.

---

가두다 to lock up | 천벌 divine punishment | 사실대로 honestly | 껴안다 to hug | 시선 gaze, regard

# 4

# 전우치, 자신을 무시하는 사람들을 혼내 주다

Track 04

또 어느 날, 전우치는 특별한 일이 없이 구름을 타고 지나가다가
즐거운 노랫소리를 들었어요. 전우치가 노랫소리가 들리는 쪽에
내려서 가까이 가 보니 잔치가 열리고 있었어요.

"저는 그냥 근처를 지나가던 사람인데 노랫소리가 아주 즐거워
잠시 구경하러 왔습니다."

전우치가 이렇게 인사하자 잔치를 연 사람이 참석을 허락해
주었어요. 그런데 잔치에 참석한 손님들 중에서 설생과 운생이라는
사람이 가난해 보이는 전우치를 무시하는 듯한 시선으로
쳐다보았어요.

> V + -는 듯하다: Used to assume or
> guess that a certain situation is the
> same as the verb. When used with an
> adjective, it becomes A + -(으)ㄴ 듯하다.

"잔치에 초대받지 못한 손님에게
이렇게 맛있는 음식을 대접해 주셔서 감사합니다."

전우치가 진심으로 고마운 마음을 전하자 설생이 말했어요.

"우리는 이런 맛있는 음식을 많이 먹어 봤습니다. 하지만
손님께서는 이런 자리가 아마 처음일 것 같은데요."

---

**참석** attendance | **허락하다** to permit | **무시하다** to look down on, to disdain | **대접하다** to treat
(someone to something) | **진심** honesty, truth

그 말을 들은 전우치는 조금도 기분 나쁜 모습을 드러내지 않고 이렇게 말했어요.

"글쎄요. 이 화려한 잔치에 빠진 음식이 많이 있는 것 같습니다."

가난해 보이는 전우치의 말에 설생은 무척 자존심이 상했어요.

"아니, 그게 도대체 무엇입니까?"

"싱싱한 과일이 없지 않습니까?"

그렇게 말하니까 주변에 있던 많은 사람들이 비웃으며 말했어요.

"지금은 이른 봄이니 과일철이 아닙니다. 계절이 어떻게 바뀌는지도 모르는 사람이군요."

> 과일철: Means the period of time when a lot of fruit blossoms. Words in a similar format include 입학철 (back-to-school season), 졸업철 (graduation season), etc.

하지만 전우치는 웃으면서 말했어요.

"제가 이 주변을 지나가다가 과일나무를 여러 그루 보았습니다."

그러자 운생이 전우치를 곤란하게 만들려고 이렇게 제안했어요.

"그럼 당신이 그 과일을 한번 가지고 와 보십시오."

> V/A + -게 만들다: Expresses that someone causes an action or a state to occur.

"만약에 내가 가지고 온다면 어떻게 하겠습니까?"

전우치가 이렇게 묻자 운생이 자신 있게 답했어요.

"정말 가져오면 내가 당신에게 절하겠습니다."

"그럼 여기서 기다리십시오. 바로 과일을 따 오겠습니다."

전우치는 그 마을에 있는 작은 산으로 가서 예쁘게 핀 복숭아꽃을 향해 주문을 외웠어요. 그러자 꽃들이 모두 싱싱한 과일로 변했어요.

---

드러내다 to show | 자존심 pride | 싱싱하다 to be fresh | 비웃다 to sneer | 그루 unit of measure for counting trees | 곤란하다 to be embarrassed | 제안하다 to suggest, to offer | 자신 confidence | 절하다 to bow | 따다 to pick (flowers or fruit) | 복숭아꽃 peach blossoms | 주문을 외우다 to say a spell

　전우치는 과일을 들고 잔치에 돌아왔어요. 그리고 잔치에 참석한
손님들은 전우치가 가져온 과일을 보고 모두 깜짝 놀랐어요.

　"당신은 아주 신기한 재주를 가졌습니다."

　사람들은 전우치에게 좋은 술을 주었어요. 술을 마시면서
전우치는 설생과 운생에게 말했어요.

　"겉모습만 보고 사람을 나쁘게 판단하면 언젠가는 그 대가를
치르게 될 것입니다."

**판단하다** to judge ｜ **대가** price

그렇지만 두 사람은 전우치의 말을 믿지 않았어요. 그러다 설생과 운생은 볼일이 급해서 화장실에 갔다가 깜짝 놀라 허겁지겁 달려왔어요. 갑자기 화장실이

> 볼일: A euphemistic expression for using the toilet.

없어진 것이었어요. 게다가 돌아온 후에 두 사람은 몸을 움직일 수가 없었어요. 설생과 운생은 이 말도 안 되는 상황에 어떻게 해야 할지 몰랐어요. 그때 지혜로운 오생이라는 사람이 전우치가 보통 사람이 아닌 것을 깨닫고 말했어요.

"제발 저 두 친구를 용서해 주십시오. 저희들이 아무것도 몰라서 선생님께 큰 실수를 했습니다."

겸손한 오생 덕분에 전우치는 크게 웃으며 용서의 의미로 고개를 끄덕였어요. 그리고 전우치는

> 고개를 끄덕이다: Used to metaphorically express agreement or approval.

설생과 운생에게 과일을 먹였고, 두 사람은 곧 몸이 나았어요. 잔치에 온 모든 사람들이 엎드려 절하며 말했어요.

"신선이 저희 앞에 있는 것을 모르고 큰 실수를 했습니다."

"저희를 용서해 주십시오."

전우치는 사람들에게 어서 즐겁게 놀라고 말하고 또다시 길을 떠났어요.

---

그러다 and then, and after that  |  허겁지겁 in a rush, hurriedly  |  깨닫다 to realize  |  용서하다 to forgive  |  겸손하다 to be humble  |  신선 Taoist hermit with magical powers

# 5
## 전우치가 준 신비한 그림

Track 05

　어려움에 처한 사람들을 도우며 여기저기 돌아다니던 전우치는
어느 날 길에서 혼자 울고 있는 젊은 남자를 보았어요. 전우치는 그
사람에게 다가가 이유를 물었어요.

　"왜 그렇게 슬프게 울고 있습니까?"

　그 사람은 눈물을 그치고 전우치에게 말했어요.

　"제 이름은 한자경입니다. 아버지께서 돌아가셨는데 집안이
가난하여 장례를 치를 돈이 없고, 또 연세가 많으신 어머니와 함께
살고 있는데 지금 당장 먹을 것도 드릴 수 없을 정도로 가난합니다."

　전우치는 그 말을 듣고 이 사람을 도와줘야겠다는 생각이
들었어요. 잠시 후 전우치는 옷 속에서 그림 한 장을 꺼냈어요.

　"이 그림을 줄 테니까 벽에 걸어 놓고 '고직아'라고 부르면 그
그림 속에서 한 소년이 나올 것입니다. 그럼 처음에는 은 백 냥을
가져오라고 해서 아버님의 장례를 치르십시오. 그다음부터는 하루에
꼭 한 냥씩만 가져오라고 하십시오."

---

처하다 to face ｜ 돌아다니다 to go around ｜ 집안 family, household ｜ 장례를 치르다 to hold a funeral ｜
연세 age (when referring to an older person's age in a formal way) ｜ 장 unit of measure for pieces of
paper ｜ 냥 nyang (a unit of old Korean coins)

한자경은 전우치가 주는 그림을 받았지만 그가 하는 말은 믿지 않았어요. 그렇지만 그의 말대로 해도 괜찮을 것 같았어요.

"정말 감사합니다. 성함을 좀 가르쳐 주십시오."

"남서부에 사는 전우치라고 합니다."

한자경은 집으로 돌아와 한번 "고직아, 나와라!"라고 해 보았어요. 그런데 정말로 한 소년이 대답하며 그림 속에서

TIP! Because there were many people with names that were similar or the same, when meeting people for the first time, someone would sometimes introduce themselves by saying, "I'm (NAME) from (PLACE)."

나왔어요. 너무 놀랐지만 전우치가 한 말을 떠올리며 은 백 냥만 가져오라고 했어요. 소년은 다시 그림 속으로 들어가서 은 백 냥을 가져왔어요. 한자경은 그 돈으로 아버지의 장례를 치를 수 있게 되어 무척 기뻤어요.

성함 name (honorific)

그런데 한자경은 욕심이 생겼어요. 매일 한 냥씩만 가져오는 것보다 한 번에 많은 돈을 받는 게 더 좋겠다고 생각했어요. 그래서 그림 속의 고직이를 불렀어요.

"고직아, 이번에도 은 백 냥을 가져와라."

"안 됩니다."

"빨리 가져오라니까!"

"정말 안 됩니다."

한자경이 계속 은 백 냥을 달라고 하니까 고직이는 어쩔 수 없이 그림 속의 창고를 열었어요. 고직이가 한자경에게 자신을 따라오라고 하자 한자경은 그 뒤를 따라 창고 안으로 들어갔어요. 창고 안에는 은이 아주 많았고 한자경은 그중에 백 냥만 가져오려고 했어요.

그런데 고직이는 더 이상 보이지 않고 창고 문은 닫혀 있었어요. 깜짝 놀라 "고직아, 문 열어라!"하고 소년을 불렀지만 아무 대답이 없었어요. 나중에는 창고 문을 계속 두드리며 소리를 질렀지만 문은 열리지 않았어요.

그 창고는 사실 나라의 창고였어요. 나라의 창고지기가 창고 문을 두드리는 소리에 문을 열어 보니 한자경이 은 백 냥을 들고 서 있었어요.

"지금 나라의 돈을 훔치고 있었구나! 도대체 너는 누구냐?"

> -냐: A sentence-closing ending that speaks down to the other party and is used to indicate a question (-느냐, -냐, -니, -지). In the past, it was mainly used by noblemen to speak to subordinates.

---

창고 storehouse | 두드리다 to bang, to knock | 창고지기 storehouse keeper | 훔치다 to steal

소년을 따라 그림 속으로 들어갔던 한자경은 이 상황이 곤란스러웠어요.

"저는 그냥 저희 집 그림 속 창고 안으로 들어간 것인데 정말 이게 어떻게 된 일인지 모르겠습니다."

한자경의 말을 들은 양 판서가 그 그림을 누구에게 받았는지 물었고, 한자경은 전우치라는 사람이 줬다고 대답했어요. 그 말을 들은 양 판서는 깜짝 놀라 한자경을 옥에 넣고 아랫사람들에게 다시 창고를 조사해 보라고 했어요. 잠시 후 아랫사람들이 당황한 얼굴로 뛰어와 말했어요.

"창고에 있는 은과 돈들이 모두 청개구리와 뱀으로 변했습니다!"

이때 또 창고지기들이 달려와 말했어요.

"쌀 창고에 있던 쌀이 모두 벌레로 변했습니다!"

"무기 창고에 있던 창들이 모두 나무 막대기로 변했습니다!"

그런데 이번에는 궁녀들이 아주 급하게 달려와 말했어요.

"호랑이 여러 마리가 대궐로 들어와 궁녀를 한 사람씩 등에 태우고 돌아다닙니다!"

대궐 안이 호랑이 때문에 아주 시끄러워져서 왕이 명령했어요.

"그 호랑이는 전우치가 도술로 만든 것이 분명하니 무조건 활로 쏘아 죽여라!"

곤란스럽다 to be difficult  |  아랫사람 retainer  |  조사하다 to investigate  |  당황하다 to be flustered, to be confused  |  청개구리 green frog  |  벌레 bug  |  무기 weapon  |  창 spear  |  막대기 stick  |  궁녀 court lady  |  태우다 to give someone a ride

왕의 말에 활을 쏘는 사람들은 화살을 마구 쐈어요. 그러자 갑자기 검은 구름이 몰려와 호랑이와 궁녀들을 데리고 하늘로 올라갔어요. 그 모습을 본 신하들은 한자경이 전우치의 친구일 거라며 죽여야 한다고 말했어요.

그렇게 한자경이 죽음의 위험에 처했을 때 갑자기 강한 바람이 불기 시작했어요. 사람들이 바람 때문에 한참 동안 아무것도 할 수 없었던 사이에 한자경이 사라졌어요. 갑자기 불어온 바람은 전우치가 한자경을 구하기 위해 변신한 모습이었어요.

한자경을 구한 뒤 전우치가 말했어요.

"당신의 상황이 안타까워서 그림을 준 것인데 왜 내 말을 안 지켰습니까? 당신의 욕심 때문에 오히려 더 안 좋은 일이 일어나고 말았습니다. 앞으로는 지나친 욕심을 버리고 사십시오."

전우치의 말에 한자경은 자신의 잘못을 알게 되어 눈물을 흘렸어요.

한자경을 집으로 보낸 후 나라 안을 돌아다니던 전우치는 우연히 왕이 붙여 놓은 글을 발견했어요. 전우치에게 벼슬을 제안한다는 글이었어요. 전우치는 왕과 신하들의 속마음을 알 수 있었지만 모르는 척하고 왕을 만나기 위해 대궐로 들어갔어요. 전우치가 스스로 대궐로 들어왔다는 소식을 들은 왕은 생각했어요.

> V + -는 척하다: Means not to actually do an action but to pretend to do that action. When used with an adjective, it becomes A + -(으)ㄴ 척하다.

---

마구 wildly, recklessly | 위험에 처하다 to face danger | 불어오다 to blow in | 구하다 to save |
안타깝다 to be unfortunate | 지나치다 to be excessive | 발견하다 to discover | 속마음 truly thinking

'우선 전우치가 그동안에 한 일을 용서하고 신하로서 도술을 활용하게 하자. 그러다 나중에 좋은 기회에 없애 버리자.'

대궐로 들어온 전우치는 왕 앞에 엎드렸어요.

> N + (으)로서: Expresses a position, status, or qualification.

"전우치, 이놈! 너의 잘못을 알겠느냐?"

"네, 저의 죄가 얼마나 큰지 잘 알고 있습니다."

전우치가 자신의 잘못을 인정하는 모습을 보고 왕은 전우치에게 선전관이라는 벼슬을 내렸어요. 그리고 대궐 안에 살면서 나라의 일을 돌보게 했어요. 그때 선전관들 중 생각이 좁은 사람들은 전우치를 두려워하면서도 마음속으로는 아주 미워하고 있었어요.

> 선전관: Refers to a government position during the Joseon Dynasty that was in charge of giving signals or delivering military orders during important events.

그들은 전우치를 괴롭히려고 했지만 오히려 전우치의 도술에 당하기만 했어요. 그러다 전우치에게 크게 혼나는 꿈을 다 같이 꾼 뒤로 선전관들은 전우치에게 몹시 친절하게 대하며 잘 지냈어요.

---

**활용하다** to use | **인정하다** to admit | **생각이 좁다** to be narrow-minded | **미워하다** to hate

# 6

# 전우치, 산적들의 두목과 싸워서 이기다

Track 06

전우치가 벼슬을 받은 지 몇 달이 지났어요. 그때 함경도에서 아주 급한 소식이 대궐로 전해졌어요.

> Hamgyeong-do Province: Refers to South Hamgyeong-do Province and North Hamgyeong-do Province, and is a region of what is now the northeast part of North Korea.

함경도에서 왕에게 보낸 글의 내용은 다음과 같았어요.

> "산속에 살던 산적들이 마을에 내려와 도둑질을 하고 사람들을 힘들게 하고 있습니다. 마을 사람들이 모두 함께 산적들과 몇 번이나 맞서 싸웠지만 산적 두목의 힘이 너무 세서 도저히 이길 수가 없습니다. 그러니 나라에서 산적들과 싸워서 이길 수 있는 용감한 장군들을 보내 주시면 좋겠습니다."

> TIP! 두목 means the head of a gang, so the head of an organization such as a company is not called 두목.

왕은 곧 회의를 열어 마을로 보낼 장군을 뽑으려고 했지만 죽는 것이 두려워서 아무도 그곳에 가지 않으려고 했어요. 이때 전우치가 앞으로 나와 말했어요.

---

산적 bandit | 도둑질 thieving, stealing | 용감하다 to be brave | 장군 general

"선전관 전우치가 말씀드립니다. 산적들과 싸우기 위해 마을에 많은 장군을 보내면 마을 사람들이 불안해할 것입니다. 허락해 주신다면 제가 혼자 그 산적들과 싸워 보겠습니다."

전우치의 말을 듣고 왕은 아주 기뻐했어요. 그리고 전우치에게 술을 따라 주고 긴 칼을 주었어요. 전우치는 그 칼을 소중히 받아서 몇 명의 군사만 데리고 함경도로 출발했어요. 전우치 장군이 온다는 소식을 듣고 함경도의 사람들이 모두 기뻐했어요.

함경도에 도착한 전우치는 먼저 군사들을 모아 산적들이 숨어 있는 산으로 갔어요. 그리고 군사들에게 산적들의 눈에 띄지 않게 숨어 있으라고 했어요. 잠시 후 전우치는 독수리로 변해 높은 산으로 날아 올라갔어요. 산적들이 있는 곳을 살펴보는데 특히 눈에 띄는 사람을 발견했어요. 그 사람은 바로 산적들의 두목인 엄준이었어요. 엄준은 보통 사람보다 키가 훨씬 큰 데다 뼈가 굵고 튼튼해 보였어요.

전우치가 하늘에서 내려다보니 엄준은 많은 사람들을 이끌고 마치 자신이 왕인 것처럼 행동하고 있었어요. 전우치는 일단 엄준을 좀 더 지켜보기로 마음먹었어요. 그래서 산적들의 성 안으로 들어가 봤더니 산적들이 훔쳐 온 곡식으로 큰 잔치를 하고 있었어요. 전우치는 산적들을 놀라게 해야겠다고 생각했어요.

---

눈에 띄다 to be noticeable | 독수리 eagle | 살펴보다 to examine, to look into | 뼈 bones | 굵다 to be thick | 이끌다 to lead | 일단 for now, for the moment

그래서 전우치는 도술을 부려 많은 독수리를 만들었어요. 그러자 수많은 독수리들이 산적들의 잔칫상을 물고 날아가 버렸어요.

그리고 성 안에 아주 강한 바람이 불었어요. 눈 깜짝할 사이에 일어난 일이라 산적들은 바람에 날아가지 않으려고 기둥이나 나무를 꼭 붙잡았어요.

> 눈 깜짝할 사이: (lit. in the blink of an eye) Means a time that is about as short as an eye blinking once.

**잔칫상** feast table | **기둥** pillar | **붙잡다** to hold onto something

전우치는 한참 동안 산적들을 혼란스럽게 만들어 놓고 군사들이 있는 곳으로 돌아왔어요. 전우치가 사라졌을 때 갑자기 강한 바람이 멈추고 아무 일도 없었던 것처럼 조용해졌어요. 산적들은 모두 깜짝 놀라 아무 말도 할 수 없었어요.

하룻밤이 지나고 전우치는 군사들과 함께 산적들이 있는 곳으로 쳐들어갔어요. 산적들의 두목인 엄준은 그때까지도 전날 잔치에서 벌어진 이상한 일을 계속 생각하고 있었어요. 그리고 갑자기 쳐들어온 군사들을 보고 깜짝 놀랐어요. 하지만 곧 말을 타고 사람들과 함께 싸울 준비를 했어요.

"엄준과 싸우러 온 어리석은 장군이 도대체 누구냐?"

이렇게 소리를 지르며 전우치의 군사들 앞으로 달려왔어요. 전우치도 말을 타고 앞으로 나왔어요. 그리고 엄준에게 자신은 왕의 명령을 받고 온 선전관 전우치라고 외쳤어요. 그러자 곧이어 싸움이 시작됐어요. 서로의 칼에서 불꽃이 튈 정도로 열심히 싸웠지만 승부가 나지 않았어요.

> • 불꽃이 튀다: Used to mean that a competition between two people or teams is very intense.
> • 승부가 나다: Means for the resolution of a conflict to have a winning side and a losing side.

엄준은 전우치에게 자신 있게 소리쳤어요.

"오늘 내가 반드시 네 놈의 목을 베어 버릴 것이다!"

> 목을 베다: (lit. to slice one's throat) Means a metaphorical way of expressing killing.

**쳐들어가다** to attack, to raid | **어리석다** to be foolish | **곧이어** soon after

전우치는 매우 화가 나서 엄준에게 달려들었어요. 그런데 엄준의 힘이 너무 세서 전우치도 그를 이길 수가 없었어요. 전우치는 빠르게 도술을 써서 가짜 전우치를 만든 후 엄준과 싸우게 했어요. 엄준은 가짜 전우치인 줄 모르고 싸우다가 갑자기 위쪽에서 들리는 전우치의 목소리에 깜짝 놀랐어요. 위쪽을 바라보니 아무도 없는 하늘에서 긴 칼이 자신을 향해 떨어지고 있었어요. 엄준은 그 칼을 피하기 위해 도망치다가 말에서 떨어졌고, 전우치는 엄준을 잡아서 묶었어요.

하지만 전우치는 싸움을 잘하는 엄준을 죽이고 싶지 않았어요. 그래서 붙잡힌 엄준에게 큰 소리로 말했어요.

"엄준, 네 이놈! 너의 뛰어난 능력을 좋은 일에 쓰지 않고 그 대신에 산적의 두목이 되었으니 너는 죽어 마땅하다. 또 다른 사람들의 돈과 목숨을 빼앗고 위협했으니 네 집안 식구와 친척들도 너와 마찬가지로 죽음으로 그 죄를 갚아야 할 것이다."

그 말을 듣고 엄준은 눈물을 흘리며 말했어요.

> N + 와/과 마찬가지이다: Expresses that something is the same as the situation or state of the noun.

"죽을 죄를 지었습니다, 전우치 장군님, 바다 같이 넓은 마음으로 용서해 주신다면 그 은혜를 절대로 잊지 않고 나라에 도움이 되는 사람이 되겠습니다."

---

**달려들다** to leap at | **가짜** fake, false | **피하다** to avoid | **도망치다** to run away, to escape | **마땅하다** to deserve | **위협하다** to threaten, to menace | **목숨** life | **은혜** kindness, grace

전우치가 엄준을 잘 살펴보니 그가 진심으로 잘못을 인정하는 것 같았어요. 그래서 엄준을 용서하며 말했어요.

"사람은 착하게 태어나지만 잘못된 생각 때문에 많은 죄를 짓게 된다. 엄준, 네가 한 잘못을 잘 알고 있는 것 같아 목숨은 살려주겠다. 새사람이 되어 다음에 나라에 어려운 일이 생긴다면 용감하게 나서야 한다."

전우치의 말에 엄준은 계속해서 절하고 고향으로 돌아갔어요. 다른 산적들도 앞으로 나라에 일이 생긴다면 열심히 돕겠다고 약속하고 새사람이 되어 고향으로 돌아갔어요.

전우치가 마을 사람들을 괴롭히던 산적들을 돌려보내고 대궐로 돌아오니 왕이 매우 기뻐하며 나라를 위한 전우치의 행동을 높이 칭찬했어요. 그 덕분에 전우치는 왕으로부터 큰 상을 받을 수 있었어요.

---

새사람 new man | 나서다 to help out, to take action | 괴롭히다 to bother, to torment | 위하다 for the sake of

# 7
# 전우치, 누명을 쓰다

Track 07

이제 왕은 전우치가 믿을 수 있는 신하라고 생각하게 되었어요.
이전에는 여러 가지 일을 벌여 대궐을 시끄럽게 만들었지만 더 이상
나쁜 일을 하지 않았기 때문이었어요. 그래서 대궐의 생활은
평화롭게 흘러갔어요.

그러던 어느 날, 대궐에는 전우치가 왕을 배신할 거라는 소문이
돌기 시작했어요. 하지만 사실 그 소문은
왕의 자리를 **빼앗으려는** 사람들이

> 소문이 돌다: Means for an unconfirmed fact to spread among people.

거짓으로 꾸민 이야기였어요. 왕은 신하들에게 그 소문을 낸
사람들이 누구인지 찾아서 데려오라고 명령했어요. 왕의 자리를
빼앗으려는 사람들이 대궐로 잡혀 왔어요. 그중 한 사람이 화가 난
왕에게 이렇게 말했어요.

"보통 사람들은 먹고 살기도 어려운데 나라를 위해 일한다는
사람들은 오히려 자기들의 이익을 위해 싸우기만 합니다. 그래서
우리들은 재주가 뛰어난 전우치를
새 왕으로 만들려고 한 것입니다."

> V + -기만 하다: Used with a verb and expresses that, out of many actions, only the action of the verb is done.

---

벌이다 to start, to get up to  |  배신하다 to betray  |  거짓 lie  |  꾸미다 to make up, to fabricate  |
잡히다 to be captured  |  이익 advantage, interest, gain  |  뛰어나다 to be remarkable

그 말에 왕은 너무 화가 나서 전우치를 당장 불렀어요. 전우치는 아무것도 모르고 있다가 왕의 말을 듣고 깜짝 놀랐어요. 전우치가 자신은 절대로 왕을 배신하려고 한 적이 없다고 말했어요. 그때 한 사람이 왕을 배신한 사람들의 이름이 적힌 종이에 전우치의 이름이 있다고 했어요.

전우치의 이름이 적힌 증거를 보여 준 사람은 높은 벼슬을 지내는 왕연희라는 사람이었어요. 왕연희는 전우치를 미워하고 있었어요. 그래서 전우치가 이 일과 아무 관계가 없다는 것을 알고 있었지만 모르는 척했어요. 오히려 그 종이에 이름이 적힌 사람들에게 반드시 벌을 주어야 한다고 말했어요.

"저는 정말 억울합니다."

전우치가 아무리 진실을 말해도 왕은 믿지 않았어요. 신하들은 전우치를 꽁꽁 묶고 큰 몽둥이로 마구 때렸어요. 그런데 아무리 때려도 전우치는 어떤 소리도 내지 않고 조용히 있었어요. 보통 사람들은 몇 대만 맞아도 바로 쓰러졌을 텐데 전우치는 오히려 분명한 목소리로 이렇게 말했어요.

> V/A + -(으)ㄹ 텐데: Expresses the speaker's guess.

"전우치가 마지막 부탁을 드립니다. 거짓 소문 때문에 억울하게 죽는 것은 어쩔 수 없지만, 세상 사람들에게 지금까지 보여 주지 못했던 재주를 보여 주고 죽게 해 주십시오. 그렇지 않으면 죽은 후에도 사람들을 괴롭힐 것입니다."

---

**적히다** to be written down | **증거** evidence, proof | **진실** truth | **몽둥이** club, cudgel | **쓰러지다** to collapse

전우치의 마지막 부탁은 그림을 그리고 싶다는 것이었어요. 왕은
전우치를 섭섭하게 만들고 싶지 않았기 때문에 전우치가 그림을
그릴 수 있도록 종이와 붓을 주었어요. 신하들이 전우치를 풀어
주자 전우치는 붓을 들고 종이에 산을 그리기 시작했어요. 그리고
시냇물과 폭포를 그린 후 말도 한 마리 그렸어요.

"이 은혜는 죽을 때까지 잊지 않겠습니다."

이렇게 말하고 나서 왕에게 절을 했어요. 그 모습을 보고 주변에
있던 모든 사람들이 이상하게
생각했어요.

> **V + -고 나서:** Used to express that when the action of the verb is completed, another different action follows it in that order.

"이제 전우치는 이 대궐을 떠나 깊은 산에 들어가 조용히 숨어
살겠습니다. 제가 숨어서 지낼 산과 타고 갈 말을 그리게 해 주신 것,
진심으로 감사드립니다."

말을 끝낸 전우치는 그림 속의 산속으로 들어가 사라져 버렸어요.

"이런, 전우치에게 속았군!"

왕은 자신이 전우치에게 속은 것을 알고 화가 났지만 전우치는
이미 사라지고 없었어요. 그래서 어쩔 수 없이 그곳에 남아 있는
사람들에게만 벌을 주었어요.

---

붓 brush (for writing or painting)  |  시냇물 stream  |  폭포 waterfall  |  속다 to be tricked, to be
deceived

한편, 그림 속으로 사라진 전우치는 자신에게 벌을 주라고 말한 왕연희를 좀 놀려 줘야겠다고 생각했어요. 그래서 왕연희와 똑같은 모습으로 변신한 후 그가 살고 있는 집으로 들어갔어요. 왕연희가 아직 집에 오지 않았기 때문에 아무도 이상하게 생각하지 않았어요.

그런데 저녁이 되어 진짜 왕연희가 돌아왔어요. 한 집에 똑같은 사람이 두 명 있으니까 왕연희의 집안 식구들은 모두 깜짝 놀랐어요. 전우치가 왕연희에게 가짜라고 소리치니까 왕연희는 자신이 진짜이고 전우치가 가짜라며 소리쳤어요. 그것을 듣고 전우치가 말했어요.

"누가 가짜인지 알아보는 방법이 있다. 가서 냉수 한 그릇과 개의 피 한 그릇을 가져와라."

**놀리다** to tease, to mock  |  **진짜** real, true  |  **냉수** cold water  |  **피** blood

이 말에 하인들이 재빨리 달려가 전우치가 말한 것을 가져왔어요.
전우치는 그것을 진짜 왕연희의 얼굴에 뿌리며 주문을 외웠어요.
그러자 진짜 왕연희는 꼬리가 아홉 개 달린 여우가 되었어요.
하인들은 여우로 변한 왕연희의 몸을 밧줄로 꽁꽁 묶었어요.
전우치는 여우를 창고에 매달아 두라고 했어요. 창고에 갇힌
왕연희는 여우가 된 자신의 모습에
슬퍼하며 눈물을 흘렸어요.

> V + -아/어/여 두다: Used with a verb to mean that even after the action of the verb has finished, it continues in that state.

며칠 후 전우치는 여우가 된 왕연희에게 다가가서 이렇게 말했어요.

"왕연희, 이놈! 너도 억울한 일을 당해
보니 기분이 어떠냐? 아무 죄 없는 사람을
억울하게 만들고 왕에게만 잘 보이려고
했으니 이런 일을 당하는 게 당연하다!

> **TIP!** In the past, people believed that there was a fox monster that possessed people to steal their livers. Called 구미호 because it has nine tails, it is mainly described as having a woman's appearance.

하지만 지금부터라도 나쁜 마음을 버리고 왕에게 가서 전우치는
죄가 없다고 사실대로 전해라. 나는 사람의 목숨이 얼마나 소중한지
알기 때문에 너를 용서하는 것이다. 다시는 이런 일이 없도록 해라!"

재빨리 quickly | 뿌리다 to sprinkle, to pour | 꼬리 tail | 여우 fox | 밧줄 rope | 매달다 to hang something | 다가가다 to approach

전우치는 말을 끝낸 후 여우로 변한 왕연희를 다시 사람으로 돌아오게 했어요. 전우치의 넓은 마음에 감동한 왕연희는 전우치에게 엎드려 절했어요. 전우치는 왕연희가 나쁜 마음을 버린 것을 알고 구름 사이로 사라졌어요. 왕연희의 집안 식구들은 여우의 모습이 보이지 않는 것을 보고 여우가 도망쳤다고 생각했어요. 혼자 남은 왕연희는 자신을 용서해 준 전우치에게 고맙다고 반복해서 말했어요.

반복하다 to repeat

# 8

# 전우치, 특별한 경험을 하다

Track 08

　한동안 대궐에서만 지내던 전우치는 다시 옛날처럼 혼자서 여기저기를 돌아다녔어요. 전우치는 어렸을 때 글공부를 같이 했던 양봉환이라는 선비를 찾아갔어요. 양봉환은 그 마을에서 유명한 부자가 되어 살고 있었는데 얼마 전부터 누워 있기만 했어요.

　"어디가 아파서 이렇게 누워 있나?"

　"몸의 어디가 아픈 것은 아닌데 가슴이 답답하고 아무것도 먹고 싶지 않아서 큰일이야."

　"흠, 그것 참 이상한 병이군. 어디 내가 한번 맥을 짚어 보겠네."

> **TIP!** Unlike in western medicine, oriental medicine determines the condition of the patient's body by placing fingers on their wrist and feeling their pulse. This is called 맥을 짚다 (taking a pulse).

　전우치는 양봉환이 어떤 병에 걸렸는지 알아보기 위해 손가락으로 맥을 짚어 보았어요.

　"특별히 어디가 아픈 것은 아닌데 사람을 너무 생각해서 생긴 병이네. 도대체 그 사람이 누구인가?"

　전우치의 말에 양봉환은 한숨을 쉬며 말했어요.

> 한숨을 쉬다: Means to take a big breath when one has a lot of worries.

---

**한동안** for a long while ｜ **글공부** the study of reading and writing

"난 오래전에 아내를 병으로 먼저 보내고 혼자 살았잖아. 그런데 이웃 마을에 아주 아름답고 착한 정 씨라는 여자가 있어.

> 먼저 보내다: As a metaphorical expression for death, it's used when talking about someone who died before oneself.

나이는 스물 셋인데, 남편이 죽은 뒤 시어머니와 함께 살고 있지. 마음이 아주 따뜻한 사람이야."

"그럼 그 정 씨라는 여자를 생각하고 있는 것이군."

"맞아. 내가 몇 번이나 청혼했지만 정 씨는 매번 거절했어."

"이봐, 친구. 내가 한번 알아볼 테니 기다리고 있어."

전우치는 말을 끝낸 후 구름을 타고 정 씨의 집으로 갔어요. 정 씨는 방 안에서 바느질을 하고 있다가 자신을 부르는 소리에 방문을 열고 밖으로 나갔어요. 바로 그때 구름 위에서 한 사람이 나타났어요.

"정 씨는 하늘 나라 옥황상제님의 잔치에 가야 하니 어서 떠날 준비를 하십시오."

정 씨를 따라 나온 시어머니도 정 씨와 함께 깜짝 놀랐어요. 정 씨는 고개를 숙이며 말했어요.

"제가 감히 어떻게 하늘 나라의 잔치에 갈 수 있겠습니까?"

"그런 걱정은 안 해도 됩니다. 시어머니를 모시고 사는 착한 사람들은 모두 잔치에 갈 수 있습니다."

---

시어머니 (a woman's) mother-in-law | 청혼하다 to propose marriage | 매번 each time | 거절하다 to refuse | 이봐 "see here" | 바느질 sewing, needlework | 숙이다 to bow, to lower | 감히 dare

전우치는 말을 끝낸 후 정 씨를 구름 위에 태웠어요. 전우치가 정 씨와 함께 구름을 타고 양봉환의 집으로 가는데 갑자기 정 씨가 구름에서 떨어졌어요. 전우치는 지금까지 도술을 부리면서 이런 일을 겪은 적이 없었기 때문에 깜짝 놀랐어요. 정 씨를 다시 붙잡으려고 하는데 한 소년이 전우치 앞에 나타났어요. 힘이 없는 소년처럼 보였기 때문에 별일 아니라고 생각한 전우치는 그냥 지나가려고 했어요. 그때 소년이 화를 내며 말했어요.

"전우치, 이놈! 어디를 가느냐!"

별일 special thing, unusual thing

갑자기 소년이 나타나 소리를 지르니 전우치도 화가 났어요.
그런데 소년은 조금 전보다 더 큰 목소리로 말했어요.

"너는 네가 알고 있는 몇 가지 도술로 사람들을 도왔지만 점점 그
도술을 네 마음대로 사용하는구나! 내가 그 모습을 가만히 보고 있을
수가 없어 이렇게 네 앞에 나타났다. 친구를 위한다고 착한 정 씨를
도술로 속인 것은 아주 큰 잘못이다. 그래서 내가 하늘을 대신해서
네 도술을 없애 버린 것이다!"

소년의 말을 듣고 전우치는
소년에게 이름을 물었어요.

> V + -아/어/여 버리다: Used with a verb to express that the action of the verb is completely finished and nothing remains.

"나는 강림 도령이다. 하늘의 명령에 따라 어지러운 세상을
평화롭게 하려고 왔다. 너의 도술을
되돌려 줄 테니 정 씨를 시어머니가

> N + 에 따라: Means that the noun in front is the basis for the behavior that follows.

있는 집으로 데려다주어라. 네 친구 양봉환을 위해서 내가 정 씨
대신 그 여자와 똑같이 생긴 사람을 알려 줄 것이다."

강림 도령은 아주 작은 약 하나를 전우치에게 주며 말했어요.

"저기 우물가에 있는 여자에게 상황을 설명하고 이 약을 먹어
달라고 부탁해라. 부모 없이 혼자 자란 여자인데, 이름과 나이도
정 씨와 똑같다. 저 여자가 이 약을 먹으면 정 씨와 완벽하게 똑같은
모습으로 변할 것이다."

---

가만히 sitting still | 어지럽다 to be troubled | 되돌리다 to give back, to return | 데려다주다 to bring
someone to a place | 우물가 well side | 완벽하다 to be perfect, to be exact

전우치는 강림 도령이 말한 여자가 있는 우물가로 가서 그
여자에게 양봉환의 상황과 그의 성격에 대해 이야기해 주었어요.
그러자 우물가의 정 씨는 그동안 외롭게 혼자 살았는데 양봉환 같은
다정한 사람이라면 행복하게 잘 살 수 있겠다며 전우치가 준 약을
먹었어요.

　　전우치는 우물가의 정 씨와 함께 양봉환의 집으로 갔어요. 그리고
아파서 누워 있는 양봉환에게 함께 온 사람의 얼굴을 보여 주었어요.
정 씨를 보자마자 양봉환은 매우 기뻐했어요. 자신이 좋아하던 이웃
마을 정 씨라고 생각했기 때문이었어요. 그 후 양봉환의 병은 깨끗하게
나았어요. 병이 나은 양봉환은 우물가의 정 씨에게 매우 잘해 주었고,
우물가의 정 씨는 전우치에게 좋은 사람을 만나게 해 줘서 고맙다는
말을 계속했어요. 두 사람이 서로를 소중히 생각하면서 잘 사는
모습을 보며 전우치는 양봉환의 집에서 나왔어요.

**외롭다** to be lonely　|　**다정하다** to be affectionate

# 9

# 전우치, 서화담을 만나다

Track 09

　전우치는 강림 도령을 만난 후 중요한 사실을 깨닫고 산속으로
들어가기로 마음먹었어요. 전우치는 구름을 타고 서화담이라는
선비가 살고 있는 산으로 찾아갔어요.

　서화담은 세상에서 일어나는 일들을 잘 이해하고 있었으며
마음이 깨끗했어요. 그렇지만 어지러운 세상에서 사는 것보다는
산속에서 농사를 지으며 사는 것을 더 좋아했어요. 전우치는 그런
서화담을 오래전부터 만나고 싶어 했어요. 전우치가 서화담을
만나 보니까 소문으로 들었던 것처럼 서화담의 훌륭한 마음이 얼굴
전체에서 나타났어요. 전우치가 공손하게 인사하니 서화담도 점잖게
말했어요.

　"전우치 선생의 훌륭한 도술은 이미 들어서 잘 알고 있습니다.
여기까지 찾아와 주셔서 감사합니다. 그런데 제가 한 가지 부탁이
있는데 들어주시겠습니까?"

　"어떤 부탁입니까?"

---

**농사를 짓다** to farm ｜ **공손하다** to be polite ｜ **점잖다** to be gentle

"제가 젊었을 때 제게 글을 가르쳐 준 스승님이 계십니다. 운수 도사라고 하지요. 그분은 지금 남해에 있는 큰 섬에 살고 계시는데, 항상 화산 속에서만 지내십니다."

전우치가 서화담의 이야기를 들어 보니 자신도 운수 도사를 만나보고 싶어졌어요.

"네, 그런데요?"

"그런데 그 스승님께서 제게 여러 번 편지를 보내셨는데, 죄송하게도 저는 한 번도 답장을 드리지 못했습니다. 전우치 선생이 저 대신 편지를 전해 주셨으면 합니다."

> V/A + -았/었/였으면 하다: Used when hoping to do an action or have a state be accomplished.

전우치는 서화담의 말을 듣고 의심 없이 바로 그렇게 하겠다고 말했어요. 그러자 서화담은 전우치에게 편지를 주며 운수 도사가 지내는 화산은 아주 위험한 곳인데 괜찮은지 모르겠다면서 걱정스러운 얼굴로 물어보았어요. 전우치는 그 말에 자존심이 상해서 이렇게 말했어요.

> A + -(으)ㄴ지 모르겠다: Expresses that a state is uncertain.

"만약 제가 이 편지를 전하지 못하고 온다면 평생 여기서 화담 선생님을 모시고 살겠습니다."

전우치의 대답에 서화담은 활짝 웃으며 전우치에게 잘 다녀오라고 했어요. 전우치는 매로 변신하여 운수 도사가 지내는 섬까지 날아갔어요. 그런데 섬에 있는 화산으로 가려고 하니 아주 큰 그물이 눈앞에 나타났어요. 매의 모습으로는 그 작은 그물 구멍을 빠져나갈 수 없었기 때문에 다시 모기로 변신했어요.

---

도사 guru, ascetic | 화산 volcano | 평생 forever, one's whole life | 매 hawk | 그물 net | 구멍 hole | 모기 mosquito

전우치가 아주 작은 모기로 변신하니 그물은 다시 거미줄로
변했어요. 그냥 이렇게 있으면 모기로 변신한 전우치는 거미줄에
걸려 죽을 수도 있었어요. 전우치는 자신이 할 수 있는 모든 도술을
부려 화산으로 가려고 했지만 쉽지 않았어요. 사실 이 모든 것은
서화담이 도술로 만든 것이었어요.

**거미줄** spiderweb

마침내 전우치는 자신의 재주로는 불가능함을 깨닫고 서화담이 있는 곳으로 돌아갔어요.

"하하하, 그렇게 자신 있게 말하고 떠나더니 왜 그냥 오셨습니까? 이제부터 약속대로 여기서 나와 함께 살아야 합니다."

서화담의 말에 전우치는 도망치려고 했지만 서화담의 도술이 훨씬 강해서 도망칠 수 없었어요. 서화담은 전우치에게 큰 소리로 말했어요.

"당신은 나에게 약속을 해 놓고 왜 그것을 안 지키고 도망치려고 합니까? 그래도 스스로 말한 것은 지켜야 하지 않겠습니까?"

"그때는 제가 생각이 짧았습니다. 부디 그 약속을 잊어 주십시오."

그러자 서화담은 방금 전보다 조금 부드러운 목소리로 이렇게 말했어요.

> 생각이 짧다: Means to not have thought deeply and not have been careful.

"다른 사람에게 없는 재주로 좋은 일을 하는 것은 아주 훌륭합니다. 하지만 그것만으로 세상의 모든 일을 할 수 있다고 생각하면 안 됩니다. 언젠가는 반드시 더 뛰어난 재주를 가진 사람이 나타나게 마련이니까요."

전우치는 서화담의 말을 들으면서 자신이 지금까지 한 일들을 하나씩 떠올렸어요. 다른 사람을 돕기 위해 도술을 쓰기도 했지만 그냥 재미있어서 쓴 적도 많았어요. 전우치는 자신의 행동이 후회되었어요.

**불가능하다** to be impossible

"제가 그동안 신중하지 못했습니다. 이제부터는 도술을
그만두겠습니다."

"잘 생각하셨습니다. 당신이 지금까지 사용했던 도술은 어지러운
세상에 아주 작은 도움이 되었을 뿐입니다. 그러니 이제 저와 함께
세상에 큰 도움이 될 수 있는 방법을 찾는 데 집중합시다."

그 후 전우치는 모든 것을 버리고
세상을 떠나서 서화담과 함께 태백산으로
들어갔어요. 그리고 거기서 혼란스러운
세상에 큰 도움을 주기 위해 평생 공부하고
재주를 익히며 살았어요.

> V + -는 데: Means doing a certain action.

> 세상을 떠나다: Means to hide somewhere where there are no people, but it is also used to mean that someone has died.

---

신중하다 to be careful  |  집중하다 to concentrate  |  익히다 to learn

# 부록
## Appendix

# 1

**1 전우치에 대한 설명이 <u>아닌</u> 것을 고르세요.**

Choose the incorrect description of Jeon Woo-chi.

① 조선 시대 개성에 살았던 선비이다.

② 아주 똑똑하고 지혜로운 사람이었다.

③ 재주는 많았지만 욕심은 별로 없었다.

④ 신동이기 때문에 스승이 필요 없었다.

**2 빈칸에 알맞은 단어를 넣어 문장을 완성하세요.**

Put the correct word in each blank to complete the sentences.

| | 감동하다 | 평화롭다 | 찬성하다 | 신기하다 |
|---|---|---|---|---|

(1) 전쟁이 없는 세계는 아주 (                    ).

(2) 그 이야기는 믿을 수 없을 정도로 (                    ).

(3) 그 영화를 보고 많은 사람들이 (                    ).

(4) 한 명도 반대하지 않고 모두 (                    ).

**3 〈보기〉와 의미가 다른 문장을 고르세요.**

Choose a sentence that has a different meaning from example.

> **보기** 전우치는 머리가 좋을 뿐만 아니라 마음도 착해요.

① 전우치는 머리가 좋고 마음도 착해요.

② 전우치는 머리가 좋은데 마음까지 착해요.

③ 전우치는 머리가 좋으니까 마음도 착해요.

④ 전우치는 머리가 좋은 데다가 마음도 착해요.

**4  이야기의 내용과 맞으면 ○, 틀리면 ✕ 표시하세요.**

Mark ○ if the statement is true, and mark ✕ if it is false.

(1) 사람들은 가뭄 때문에 생활이 어려웠다.　　　　　　　( 　　 )

(2) 전우치는 보통 사람들의 금을 가져가서 팔았다.　　　　( 　　 )

(3) 왕은 사람들에게 자신이 받은 금을 모두 주었다.　　　　( 　　 )

(4) 신하들은 전우치를 찾으려고 여러 곳에 글을 붙였다.　 ( 　　 )

**5  다음 중 전우치가 사람들에게 한 말로 알맞은 것을 고르세요.**

Choose the right word for the people by Jeon Woo-chi.

① 저를 칭찬하지 마세요.

② 금을 팔아서 쌀을 사야 해요.

③ 모든 금을 모아 나에게 주세요.

④ 모두가 평화롭게 살게 될 거예요.

## 2

**1  다음 중 전우치가 포졸들을 피해 들어간 곳으로 알맞은 것을 고르세요.**

Which of the following is the right place for Jeon Woo-chi to escape the officers?

① 통　　　　　② 병　　　　　③ 솥　　　　　④ 집

**2  밑줄 친 부분과 바꿔 쓸 수 있는 것을 아래에서 골라 쓰세요.**

Choose and write what you can replace the underlined part below.

| 펄펄 | 예전에 | 함부로 | 틀림없이 |
|------|--------|--------|----------|

(1) 나쁜 사람들은 반드시 벌을 받습니다.    (          )

(2) 아주 뜨겁게 끓는 물에 손을 다쳤어요.    (          )

(3) 그 곳은 아무 생각 없이 가면 안 돼요.    (          )

(4) 이 동네는 제가 옛날에 살았던 곳입니다.    (          )


**3  아래에서 알맞은 것을 골라 '–자마자'를 사용하여 문장을 완성하세요.**

Choose the correct one below and complete the sentence using '-자마자.'

| 보다 | 도착하다 | 눈을 뜨다 | 들어가다 |
|------|----------|-----------|----------|

오늘 아침에 늦잠을 자서 (1)_____ 집을 나갔어요. 그런데
아무리 기다려도 버스가 안 와서 택시를 탔어요. 그리고 택시가 회사에
(2)_____ 바로 내려서 회사로 갔어요. 하지만 엘리베이터가 계속
안 왔어요. 그래서 계단을 이용해서 사무실 안에 (3)_____ 자리에
앉았어요. 그런데 사무실 사람들이 저를 보면서 웃었어요. 저는 거울을
(4)_____ 그 이유를 알게 됐어요. 제가 잠옷을 입고 회사에 온
거예요. 너무 부끄러웠어요.

**4** **다음 질문에 알맞은 답을 쓰세요.**

Write the correct answer for each of the following questions.

(1) 전우치가 팔고 있는 금은 사실 어디에서 났나요?

_____

_____

(2) 신하들은 임금에게 전우치를 잡기 어려운 이유가 뭐라고 했나요?

_____

_____

**5** **다음 중 알맞지 않은 부분을 찾아 바르게 고치세요.**

Find the incorrect sections and correct them.

(1) 전우치의 소식을 듣고 왕은 바람같이 화를 내며 직접 전우치에게 벌을 주겠다고 마음
먹었어요.

➡ _____

(2) 포졸들이 달려들어 전우치를 쇠사슬로 펑펑 묶었어요.

➡ _____

(3) 전우치가 병 속에서 한 말을 듣고 왕은 다리 끝까지 화가 났어요.

➡ _____

# 3

**1  빈칸에 알맞은 단어를 넣어 문장을 완성하세요.**

Put the correct word in each blank to complete the sentences.

| 표정 | 어르신 | 감추다 | 위로하다 |

(1) 참으려고 했지만 눈물을 (                ) 수 없었다.

(2) 한국에서는 어른을 높임말로 (                )이라고 해요.

(3) 사람들의 (                )을 보면 속마음도 알 수 있어요.

(4) 다음에는 더 잘할 수 있을 거라고 친구를 (                ).


**2  어울리는 것끼리 연결하여 문장을 완성하세요.**

Connect the phrases that go together to create complete sentences.

(1) 왕 씨는 며칠 동안 앓다가  •

(2) 억울한 누명은  •

(3) 두려움을 느낀 조 씨는 결국  •

(4) 양판서는 그때 거울을 보고 있었는데  •

•  ① 모든 것을 사실대로 말했어요.

•  ② 꼭 벗겨지게 마련입니다.

•  ③ 전우치는 마침 잘됐다고 생각했어요.

•  ④ 그만 죽어 버렸습니다.

**3 전우치는 양 판서의 집으로 들어갈 때 무엇으로 변신했나요?**

What did Jeon Woo-chi turn into when he entered Minister Yang's house?

① 거울　　　　② 바람　　　　③ 구름　　　　④ 옥

**4 다음 질문에 알맞은 답을 쓰세요.**

Write the correct answer for each of the following questions.

(1) 노인은 왜 슬프게 울고 있었나요?

_____

_____

(2) 조 씨가 양 판서에게 사실대로 말한 이유는 무엇인가요?

_____

_____

**5 이야기의 내용과 맞으면 ○, 틀리면 ✕ 표시하세요.**

Mark ○ if the statement is true, and mark ✕ if it is false.

(1) 이 씨의 아들은 억울한 일을 당해 그만 죽어 버렸다.　　　　　( 　 )

(2) 이 씨의 아들은 양 판서에게 많은 돈을 주고 옥에서 나올 수 있었다. ( 　 )

(3) 양 판서의 이야기를 듣고도 조 씨는 전혀 두려워하지 않았다.　( 　 )

(4) 양 판서는 이 씨의 아들을 풀어 주고 조 씨를 옥에 가두었다.　( 　 )

.

# 4

**1 빈칸에 알맞은 단어를 넣어 문장을 완성하세요.**
Put the correct word in each blank to complete the sentences.

| 자신 | 진심 | 허락하다 | 비웃다 |

(1) 드디어 합격했군요! (　　　　)으로 축하해요.

(2) 선생님은 우리의 제안을 기쁜 마음으로 (　　　　).

(3) 친구는 (　　　　)지 않고 내 이야기를 끝까지 들어 주었다.

(4) 열심히 공부했기 때문에 좋은 점수를 받을 (　　　　)이 있어요.

**2 아래에서 알맞은 것을 골라 '-게 만들다'를 사용하여 문장을 완성하세요.**
Choose the correct one below and complete the sentence using '-게 만들다'.

| 용서하다 | 곤란하다 | 겸손하다 | 깨닫다 |

아침에 옆집 강아지가 새로 산 비싼 신발을 물어서 나를 (1)_____.
처음에는 화가 났지만 옆집 사람의 계속되는 사과는 강아지의 행동을
(2)_____. 차를 타고 나가는데 실수로 주차된 차에 부딪혔어요.
깜짝 놀라서 차 주인에게 전화했는데 옆집 사람이었어요. 옆집 사람은 괜찮다고
말했어요. 이 일은 제가 많은 것을 (3)_____. 그리고 예전에
저는 다른 사람들에게 잘못을 하고 살지 않는다고 생각했었는데 이 일은 저를
(4)_____.

**3** 몸을 움직일 수 없게 된 설생과 운생은 무엇을 먹고 몸이 나았나요?

What did Seol-saeng and Woon-saeng, who couldn't move their bodies, eat to get better?

① 술 　　　　② 씨앗 　　　　③ 과일 　　　　④ 냉수

**4** 다음 질문에 알맞은 답을 쓰세요.

Write the correct answer for each of the following questions.

(1) 설생과 운생은 왜 전우치를 무시했나요?

_____

_____

(2) 오생이 전우치에게 설생과 운생을 용서해 달라고 말한 이유는 무엇인가요?

_____

_____

**5** 다음 문장에 어울리는 단어를 찾아 ○ 표시하세요.

Circle the word that best suits each of the following sentences.

(1) 잔치를 연 사람이 전우치에게 ( 대접 / 참석 )을 허락해 주었다.

(2) 가난해 보이는 전우치의 말에 설생은 무척 ( 자존심 / 자신 )이 상했다.

(3) 겉모습만 보고 사람을 나쁘게 판단하면 언젠가는 그 ( 진심 / 대가 )를 치르게
될 것이다.

(4) 겸손한 오생 덕분에 전우치는 설생과 운생을 ( 용서했다 / 벌했다 ).

# <u>5</u>

**1 빈칸에 알맞은 단어를 넣어 문장을 완성하세요.**

Put the correct word in each blank to complete the sentences.

| 처하다 | 인정하다 | 두드리다 | 당황하다 |
|---|---|---|---|

(1) 집의 문을 계속 (                    )며 불렀지만 엄마는 대답하지 않았어요.

(2) 아이가 계속 자신의 잘못을 (                )지 않아서 걱정이에요.

(3) 저는 어려움에 (                ) 사람들을 보면 그냥 지나가지 못하고 꼭 도와줘요.

(4) 시험을 보는데 갑자기 공부한 내용이 하나도 생각이 안 나서 (                ).

**2 어울리는 것끼리 연결하여 문장을 완성하세요.**

Connect the phrases that go together to create complete sentences.

(1) 저는 학생으로서     •          • ① 열심히 환자를 치료하겠습니다.

(2) 저는 의사로서     •          • ② 열심히 학생을 가르치겠습니다.

(3) 저는 경찰로서     •          • ③ 열심히 공부하겠습니다.

(4) 저는 교수로서     •          • ④ 열심히 시민을 보호하겠습니다.

**3**  다음 중 그림에 대한 묘사로 맞지 <u>않는</u> 것을 고르세요.

Choose the answer that does not describe the following picture.

① 전우치가 준 그림이 벽에 걸려 있다.

② 한 소년이 대답하며 그림 속에서 나왔다.

③ 소년은 그림 속에서 은 백 냥을 가져왔다.

④ 한자경은 너무 놀라서 전우치를 찾으러 나갔다.

**4**  다음 질문에 알맞은 답을 쓰세요.

Write the correct answer for each of the following questions.

(1) 한자경은 얼마나 가난한 사람이었나요?

_____

_____

(2) 한자경이 옥에 갇힌 뒤, 창고에 어떤 일이 일어났나요?

_____

_____


**5** 이야기의 내용과 맞으면 ○, 틀리면 ✕ 표시하세요.

Mark ○ if the statement is true, and mark ✕ if it is false.

(1) 고직이는 대궐의 신하 중 한 사람이다. ( )

(2) 한자경은 처음부터 전우치의 말을 믿었다. ( )

(3) 전우치는 대궐에 갈 때 왕의 속마음을 몰랐다. ( )

(4) 한자경은 돈 욕심 때문에 죽음의 위험에 처했다. ( )


## 6


**1** 빈칸에 알맞은 단어를 넣어 문장을 완성하세요.

Put the correct word in each blank to complete the sentences.

| 굵다 | 눈에 띄다 | 어리석다 | 용감하다 |
|---|---|---|---|

(1) 학교 운동장에 있는 오래된 나무는 매우 ( ) 튼튼해 보인다.

(2) 내가 ( ) 선택을 하지 않도록 많은 분들이 도와주셨다.

(3) 그는 많은 사람들 속에서도 ( )는 사람이다.

(4) 아무리 어려운 일이 있어도 ( )게 해결해 갈 것이다.

**2 어울리는 것끼리 연결하여 문장을 완성하세요.**

Connect the phrases that go together to create complete sentences.

(1) 두 사람은 불꽃이 튈 정도로 열심히 싸웠지만 •

(2) 바다와 같이 넓은 마음으로 용서해 주신다면 •

(3) 아이가 눈 깜짝할 사이에 사라져서 •

(4) 너의 가족들도 너와 마찬가지로 •

• ① 그 은혜를 절대로 잊지 않겠습니다.

• ② 이 일을 책임져야 한다.

• ③ 승부가 나지 않았어요.

• ④ 어디에 갔는지 찾을 수 없었어요.

**3 다음 중 그림에 대한 묘사로 맞지 않는 것을 고르세요.**

Choose the answer that does not describe the following picture.

① 전우치는 도술을 부려 독수리로 변했어요.

② 산적들은 깜짝 놀라 나무를 꼭 붙잡았어요.

③ 수많은 독수리들이 잔칫상을 물고 날아가 버렸어요.

④ 갑자기 강한 바람이 불어서 산적들은 바람에 날아갔어요.

**4**  **다음 질문에 알맞은 답을 쓰세요.**

Write the correct answer for each of the following questions.

(1) 전우치가 하늘에서 내려다보니 엄준은 어떻게 행동하고 있었나요?

_____

_____

(2) 힘이 센 엄준을 이기기 위해 전우치는 어떤 방법을 사용했나요?

_____

_____

**5**  **이야기의 내용과 맞으면 ○, 틀리면 ✕ 표시하세요.**

Mark ○ if the statement is true, and mark ✕ if it is false.

(1) 산적들과 싸워서 이길 수 있도록 마을에 많은 장군을 보냈어요.  (          )

(2) 함경도에 도착한 전우치는 군사들에게 바로 산적들을 공격하라고 했어요.  (          )

(3) 전우치는 싸움을 잘하는 엄준을 죽이고 싶지 않았어요.  (          )

(4) 엄준이 진심으로 잘못을 인정하는 것 같아서 전우치는 엄준을 용서했어요.  (          )

# <u>7</u>

**1**   **다음 빈칸에 알맞은 단어를 넣으세요.**
Put the correct word in the crossword puzzle.

| (1) | (2) | | (4) | | | (8) |
|---|---|---|---|---|---|---|
| | | | | | (3) | |
| | | | | (6) | | |
| (10) | | (5) | | | | (12) |
| | | | | (7) | | |
| (9) | | | | | (11) | |

### 가로

(1) 왕연희는 전우치의 이름이 적힌 ○○를 보여 줬어요.

(3) 전우치가 아무리 ○○을 말해도 임금은 믿지 않았어요.

(5) 전우치는 이렇게 말하고 ○○ 왕에게 절을 했어요.

(7) 관리들은 자기들의 ○○을 위해 싸우기만 합니다.

(9) ○○, 그림 속으로 사라진 전우치는 왕연희를 놀려 줘야겠다고 생각했어요.

(11) 왕연희는 ○○가 아홉 개 달린 여우가 되었어요.

### 세로

(2) 그 소문은 왕의 자리를 빼앗으려는 사람들이 ○○으로 꾸민 이야기였어요.

(4) 왕연희는 전우치에게 고맙다고 ○○○○ 말했어요.

(6) 신하들은 전우치를 꽁꽁 묶고 큰 ○○○로 마구 때렸어요.

(8) 임금에게 가서 전우치는 죄가 없다고 ○○대로 전해라.

(10) 왕을 ○○○ 사람들의 이름이 적힌 종이에 전우치의 이름이 있다고 했어요.

(12) 하인들이 ○○○ 달려가 전우치가 말한 것을 가져왔어요.

**2 밑줄 친 부분과 바꿔 쓸 수 있는 것을 아래에서 골라 알맞게 쓰세요.**

Choose the one below that can be replaced with the underlined part and write it accordingly.

| -아/어/여 두다 | -기만 하다 | -고 나서 | -(으)ㄹ 텐데 |
|---|---|---|---|

(1) 그 사람들은 일은 하지 않고 <u>노는 것만 했어요.</u>

➡ _____

(2) 보통 사람들은 <u>못했을 것 같은데</u> 그는 해냈어요.

➡ _____

(3) 나는 일을 다 <u>끝낸 후에</u> 친구를 만났어요.

➡ _____

(4) 선생님이 책을 교실에 <u>가져다 놓으라고</u> 했어요.

➡ _____

**3 다음 중 전우치가 종이에 그리지 않은 것은 무엇인가요?**

Which of the following is not drawn on paper by Jeon Woo-chi?

① 산      ② 시냇물      ③ 말      ④ 구름

**4  다음 질문에 알맞은 답을 쓰세요.**

Write the correct answer for each of the following questions.

(1) 그림을 다 그린 전우치는 어떻게 대궐을 떠났나요?

_____

_____

(2) 전우치는 왕연희를 용서하는 이유를 무엇이라고 말했나요?

_____

_____


**5  다음 문장에 어울리는 단어를 찾아 ○ 표시하세요.**

Circle the word that best suits each of the following sentences.

(1) 전우치는 예전에 여러 가지 일을 ( 벌여 / 해결해 ) 대궐을 시끄럽게 만들었다.

(2) 그들은 재주가 ( 배신한 / 뛰어난 ) 전우치를 새 왕으로 만들려고 했다.

(3) 왕은 전우치에게 ( 속은 / 놀린 ) 것을 알고 화가 났다.

(4) 전우치는 하인들이 가져온 것을 왕연희의 얼굴에 ( 때리며 / 뿌리며 ) 주문을 외웠어요.

# <u>8</u>

**1** 빈칸에 알맞은 단어를 넣어 문장을 완성하세요.

Put the correct word in each blank to complete the sentences.

| 별일 | 감히 | 상황 | 가만히 |
|------|------|------|--------|

(1) 힘든 (                )이지만 해결 방법을 찾아보려고 해요.

(2) 다른 사람들은 (                ) 아니라고 말했지만 나는 계속 걱정되었다.

(3) 어렵다고 (                ) 아무것도 하지 않으면 아무것도 해낼 수 없어요.

(4) 아이가 다쳤을 때 부모님의 마음이 어떨지 저는 (                ) 상상도 못하겠어요.

**2** 어울리는 것끼리 연결하여 문장을 완성하세요.

Connect the phrases that go together to create complete sentences.

(1) 그는 오래전에 아내를        •
먼저 보내고

                    • ① 오늘은 운동복을 입고 학교에
갔어요.

(2) 책이 너무 많이 쌓여        •
있어서

                    • ② 필요 없는 것들을 치워 버렸어요.

(3) 선생님의 말씀에 따라        •

                    • ③ 한숨을 쉬면서도 계속 일했어요.

(4) 할 일이 너무 많아서        •

                    • ④ 계속 혼자 살고 있어요.

**3** 전우치는 양봉환이 어떤 병에 걸렸는지 알아보기 위해 무엇을 했나요?

What did Jeon Woo-chi do to find out what kind of disease Yang Bong-hwan had?

① 도술을 부렸다.      ② 맥을 짚어 보았다.

③ 정 씨의 집에 갔다.      ④ 우물가의 여자를 찾았다.

**4** 다음 질문에 알맞은 답을 쓰세요.

Write the correct answer for each of the following questions.

(1) 강림 도령이 전우치의 도술을 없애 버린 이유는 무엇인가요?

_____

_____

(2) 우물가의 정 씨가 전우치가 준 약을 먹은 이유는 무엇인가요?

_____

_____

**5** 이야기의 내용과 맞으면 ○, 틀리면 ✕ 표시하세요.

Mark ○ if the statement is true, and mark ✕ if it is false.

(1) 전우치는 이웃 마을 정 씨에게 사실대로 말하고 같이 가자고 했다.    (   )

(2) 전우치는 갑자기 나타난 소년이 힘이 없어 보여서 그냥 지나가려고 했다.    (   )

(3) 강림 도령은 전우치가 큰 잘못을 했기 때문에 도술을 돌려 주지 않았다.    (   )

(4) 강림 도령이 준 약을 먹고 양봉환의 병이 깨끗하게 나았다.    (   )

# 9

## 1 빈칸에 알맞은 단어를 넣어 문장을 완성하세요.

Put the correct word in each blank to complete the sentences.

| 평생 | 신중하다 | 익히다 | 불가능하다 |
|---|---|---|---|

(1) 오랫동안 연습해서 어려운 기술을 (　　　　　) 수 있었어요.

(2) 그가 (　　　　　) 바라던 꿈이 마침내 이루어졌어요.

(3) 이 일은 실패하기 쉽기 때문에 (　　　　　)게 시작해야 해요.

(4) 이 세상에 완전히 (　　　　　) 일은 없다고 생각해요.

## 2 다음 중 알맞지 않은 부분을 찾아 바르게 고치세요.

Find the incorrect sections and correct them.

(1) 전우치 선생이 저 대신 편지를 전해 주시면 합니다.

➡ _____

(2) 서화담은 운수 도사가 지내는 화산이 괜찮은지 알겠다면서 걱정스러운 얼굴로 물어보았어요.

➡ _____

(3) 이제 저와 함께 세상에 큰 도움이 될 수 있는 방법을 찾는지에 집중합시다.

➡ _____

**3**  **다음 중 전우치와 서화담이 변신한 것으로 알맞지 않은 것을 고르세요.**

Which of the following is not something that Jeon Woo-chi and Seo Hwa-dam transformed into?

① 매            ② 모기            ③ 그물            ④ 호랑이

**4**  **다음 질문에 알맞은 답을 쓰세요.**

Write the correct answer for each of the following questions.

(1) 서화담의 걱정에 자존심이 상한 전우치는 어떤 약속을 했나요?

_____

_____

(2) 서화담이 전우치에게 재주만으로 세상의 모든 일을 할 수 있다고 생각하면 안 된다고 말한 이유가 무엇인가요?

_____

_____

**5**  **이야기의 내용과 맞으면 ○, 틀리면 ✕ 표시하세요.**

Mark ○ if the statement is true, and mark ✕ if it is false.

(1) 서화담은 마음이 깨끗했지만 세상의 일들은 몰랐어요.            (    )

(2) 전우치는 매로 변신해서 운수 도사에게 편지를 전했어요.            (    )

(3) 서화담은 전우치의 도술이 어지러운 세상에 큰 도움이 되었다고 말했어요.  (    )

(4) 전우치는 서화담과 한 약속을 안 지키고 도망가려고 했어요.         (    )

## 1장

**1** ④

**2** (1) 평화로울 것이다
   (2) 신기하다
   (3) 감동했다
   (4) 찬성했다

**3** ③

**4** (1) ○    (2) ×    (3) ×    (4) ○

**5** ①

## 2장

**1** ②

**2** (1) 틀림없이    (2) 펄펄
   (3) 함부로    (4) 예전에

**3** (1) 눈을 뜨자마자
   (2) 도착하자마자
   (3) 들어가자마자
   (4) 보자마자

**4** (1) 임금과 신하를 속여서 가져온 금 중에서
   사람들에게 나눠주고 남은 반이다.
   (2) 전우치는 이상한 도술을 쓰는 사람이기
   때문에 함부로 잡기 어렵다고 했다.

**5** (1) 바람같이 → 불같이
   (2) 펑펑 → 꽁꽁
   (3) 다리 끝까지 → 머리 끝까지

## 3장

**1** (1) 감출    (2) 어르신
   (3) 표정    (4) 위로했다

**2** (1) ④    (2) ②    (3) ①    (4) ③

**3** ②

**4** (1) 아들이 다른 사람들의 싸움을 말리다가
   억울하게 옥에 갇혔기 때문이다.

(2) 전우치가 죽은 왕 씨의 모습으로 나타나 조
씨가 천벌을 받을 거라고 말했기 때문이다.

**5** (1) ×    (2) ×    (3) ○    (4) ○

## 4장

**1** (1) 진심    (2) 허락했다
   (3) 비웃지    (4) 자신

**2** (1) 곤란하게 만들었어요
   (2) 용서하게 만들었어요
   (3) 깨닫게 만들었어요
   (4) 겸손하게 만들었어요

**3** ③

**4** (1) 전우치의 겉모습만 보고 가난하다고 생각했
   기 때문이다.
   (2) 전우치가 보통 사람이 아닌 것을 깨달았기
   때문이다.

**5** (1) 참석    (2) 자존심
   (3) 대가    (4) 용서했다

## 5장

**1** (1) 두드리며    (2) 인정하지
   (3) 처한    (4) 당황했어요

**2** (1) ③    (2) ①    (3) ④    (4) ②

**3** ④

**4** (1) 아버지의 장례도 못 치를 뿐만 아니라 당장
   먹을 것이 없을 정도로 가난했다.
   (2) 창고에 있는 은과 돈들이 모두 청개구리와
   뱀으로 변했고, 쌀이 모두 벌레로 변했고, 창
   들이 모두 나무 막대기로 변했다. 그리고 갑
   자기 호랑이가 나타나 궁녀들을 태우고 다녔
   다.

**5** (1) ×    (2) ×    (3) ×    (4) ○

## 6장

**1** (1) 굵고 (2) 어리석은
(3) 눈에 띄는 (4) 용감하게

**2** (1) ③ (2) ① (3) ④ (4) ②

**3** ④

**4** (1) 엄준은 많은 사람들을 이끌고 마치 자신이
왕인 것처럼 행동하고 있었어요.
(2) 전우치는 빠르게 도술을 써서 가짜 전우치를
만든 후 엄준과 싸우게 했어요.

**5** (1) × (2) × (3) ○ (4) ○

## 7장

**1** (1) 증거 (2) 거짓
(3) 진실 (4) 반복해서
(5) 나서 (6) 몽둥이
(7) 이익 (8) 사실
(9) 한편 (10) 배신한
(11) 꼬리 (12) 재빨리

**2** (1) 놀기만 했어요
(2) 못했을 텐데
(3) 끝내고 나서
(4) 가져다 두라고

**3** ④

**4** (1) 그림 속의 산속으로 들어가 사라져 버렸다.
(2) 사람의 목숨이 얼마나 소중한지 알기 때문에
왕연희를 용서한다고 말했다.

**5** (1) 벌여 (2) 뛰어난
(3) 속은 (4) 뿌리며

## 8장

**1** (1) 상황 (2) 별일
(3) 가만히 (4) 감히

**2** (1) ④ (2) ② (3) ① (4) ③

**3** ②

**4** (1) 친구를 위한다고 착한 정 씨를 도술로 속인
것은 아주 큰 잘못이기 때문이다.
(2) 그동안 외롭게 혼자 살았는데 양봉환 같은
다정한 사람이라면 행복하게 잘 살 수 있겠
다고 생각했기 때문이다.

**5** (1) × (2) ○ (3) × (4) ×

## 9장

**1** (1) 익힐 (2) 평생
(3) 신중하게 (4) 불가능한

**2** (1) 전해 주시면 → 전해 주셨으면
(2) 괜찮은지 알겠다면서 →
괜찮은지 모르겠다면서
(3) 찾는 지에 집중합시다 →
찾는 데에 집중합시다

**3** ④

**4** (1) 만약 편지를 전하지 못하고 온다면 평생 그곳
에서 화담 선생님을 모시고 살겠다고 말했다.
(2) 언젠가는 반드시 더 뛰어난 재주를 가진 사
람이 나타나게 마련이기 때문이다.

**5** (1) × (2) × (3) × (4) ○

# 1

## The Jeon Woo-chi the Wise

### p.11

During the Joseon Dynasty in what is now Gaeseong lived a very wise and renowned scholar. His name was Jeon Woo-chi, and from the time he was young, he was so clever that when he was taught one thing, he learned ten, and so people called him a child prodigy.

Jeon Woo-chi studied hard as he sought out a great teacher. During this time, he learned many things and became able to perform several remarkable feats. But although he knew so many things and had so many talents, not only did Jeon Woo-chi have no ambitions for a government position, he also rarely appeared in front of other people, so they could not know how he was living.

### p.12

One day, the entire country suffered a severe drought and life for the people became very hard. However, the people in the government didn't take care of those in need and instead were only fighting for power amongst each other. Only those who were determined to make a country that was good to live in were worried. Jeon Woo-chi was one of these people, and so he set out to help – even if only a little – those who were struggling.

On the morning of New Year's, with white snow falling, the king was receiving New Year's greetings from his servants in the palace. Just then, a beautiful colored cloud appeared above the roof of the palace and a voice was heard coming from it.

"Let the king come forth and listen through

me to the Jade Emperor's words."

When they heard it was the words of the Jade Emperor, who ruled all of the heavens and the earth, the king and his retainers were shocked and stared at the sky. Within the beautifully shining cloud, a person wearing bright green clothes stood together with a young boy.

The person wearing green clothes spoke.

### p.13

"The Jade Emperor means to build a palace in the heavens for those in the human world who lived difficult lives and died. For this, he asks that the kings of the many countries of the earth each offer him a beam made of gold. And so you will prepare a large and wide golden beam by the full moon of March and offer it up to the heavens."

After saying this, the man rode the five-colored cloud and disappeared once more into the sky. Here and there, people began to chatter. A retainer then emerged from the palace and said this to the king:

"A lot of gold will be needed to make a beam out of gold, so it seems we will need to inform the people. We must tell them to each bring all of the gold that they have and offer it up to the country."

All the other retainers around agreed with this. The king commanded them to gather all of the gold in the country. And after the gold was gathered, he told them to make a large beam, just as the Jade Emperor had said. The king saw the completed beam and was relieved and very pleased.

### p.14

At last, the full moon of March arrived, as

the Jade Emperor had said, and like the last time, a man appeared from within a beautiful cloud. Everyone lowered their heads and bowed down to greet the person the Jade Emperor had sent. And then they listened carefully to what he said.

"The king of this country has followed the will of the heavens and is praised for his sincerity. In a country with a king like you, all people will live peacefully. In the future, you must continue to respect the heavens even further."

The man said this, and then, riding a crane, disappeared into the clouds. Hearing that the Jade Emperor would bless the country with great luck, the king was very pleased.

And then one day, the inside of the palace grew boisterous. This was because the rumor has spread that the person who had appeared at the palace and taken the golden beam had not been sent by the Jade Emperor but was a man called Jeon Woo-chi. The rumor was that Jeon Woo-chi had used Taoist magic to briefly change his appearance into that of someone else.

**p.15**

The reason for this rumor was that Jeon Woo-chi sold the golden beam and bought rice and seeds for the next year's harvest and then shared them evenly amongst the people. The people were very thankful to Jeon Woo-chi, who understood their difficult circumstances and helped them. And they thought that Jeon Woo-chi, who did what their country had not, was a remarkable person, and they respected him greatly. But hearing the people's praises, Jeon Woo-chi was embarrassed if anything. This is because he thought it was natural to help

people suffering from poverty. In order to convey his thoughts, Jeon Woo-chi wrote a message and posted it where the people could easily see it.

*"I could no longer stand to see the sight because of the drought, a lot of people were having a hard time without eating anything, but the king and his retainers did not help them. So in place of the heavens, I told them to create a large golden beam. And then I sold half of that and bought rice and seeds and shared it amongst the people. This is simply what anyone who is a person should do. That rice is originally yours, so please do not praise me, the one who shared it out, and feel free to eat. Also I hope you prepare faithfully for farming next year."*

**p.16**

All Jeon Woo-chi wanted was for the people to live peacefully. The people read his message and were touched by his warm heart. But while the ordinary people praised Jeon Woo-chi, the retainers of the palace were very angry because of him. They disliked Jeon Woo-chi, who had fooled them and gained popularity among the people. And so many of the retainers all spoke in unison to the king.

"Jeon Woo-chi is a criminal who fooled the king and caused a stir across the country. A person who commits something seriously troublesome like this should rightly be caught and punished."

After this, the palace wrote messages

85

commanding that Jeon Woo-chi be caught and began to post them everywhere.

## 2
## Jeon Woo-chi in the Bottle

p.17

Having heard the rumor that the palace was trying to capture him, Jeon Woo-chi was upset. This was because the retainers of the palace intended to catch Jeon Woo-chi to show off their own strength. Jeon Woo-chi thought that he needed to show them how weak they were. So he went out to a place that many people passed through, put out the rest of the beam that he'd previously sold, and shouted in a loud voice.

"Gold for sale!"

A police officer passing by then thought Jeon Woo-chi was suspicious and asked him:

"There's no gold in the land right now, so where on earth did this much gold come from?"

"Ho ho, gold comes from ground where there's gold, of course. Why? Do you want to buy this gold?"

The police officer heard this and, thinking how to catch Jeon Woo-chi, said, "Where do you live? I don't have any money right now, so I'll go find you there tomorrow and buy the gold."

p.18

At the police officer's words, Jeon Woo-chi told him a place where he was staying briefly. As soon as he heard this, the officer rushed to tell the governor-general. The governor-general spoke with surprise.

"Without a doubt, that's half of the golden beam. That person is clearly Jeon Woo-chi, so hurry and go capture him!"

As soon as the governor-general finished speaking, about 10 strong police officers rushed off to capture Jeon Woo-chi. But as if he already knew that they were coming to capture him, not surprised at all, he said.

"You've got a lot of hard work because of me. But I haven't committed a crime so you can't capture me. And go tell this to the governor-general. Ten people won't be enough to capture Jeon Woo-chi. Ha ha ha."

The officers had no choice but to return and tell this to the governor-general. After he alerted the palace that Jeon Woo-chi had appeared, the governor-general gathered hundreds of officers. The king, hearing this news, was red with anger and made up his mind to punish Jeon Woo-chi himself. The hundreds of officers arrived to capture Jeon Woo-chi, but he wasn't afraid at all and spoke.

p.19

"No matter how many officers come to capture me, it's no use. Try and catch me if you can!"

The officers leapt at Jeon Woo-chi and tied him up tightly in chains. Just then, someone spoke loudly from behind them.

"Have you still not caught me?"

Shocked, the officers looked at where they had left Jeon Woo-chi tied up and, already, nobody was there. At that moment, Jeon Woo-chi made his body smaller and went inside of a nearby bottle. The officers all collected themselves and rushed to block the mouth of the bottle. Then the captain of officers took the bottle and ran to the government office where the king was waiting and presented the small bottle to him.

"Jeon Woo-chi is inside of here."

Hearing this, the king spoke, surprised.

"No matter how well he can use Taoist magic, how can a person go inside of that small bottle?"

And then Jeon Woo-chi's voice was heard from inside the bottle.

"It's so stifling to be stuck in here. Please let me out."

**p.21**

Hearing the voice, the king came to believe the fact that Jeon Woo-chi was in the bottle. But he didn't know how to deal with Jeon Woo-chi in the bottle. After a moment, a retainer who was next to him spoke.

"Jeon Woo-chi is someone who knows how to use Taoist magic. So it seems it would be best not to take him out of the bottle and to put the bottle as is, with its entrance blocked in a cauldron of oil at a roiling boil."

The king thought that what his retainer said was right. This was because it seemed that it could be very dangerous if he released Jeon Woo-chi, who could use magic as he pleased. Upon the king's order, the officers put the bottle in a hot cauldron of oil. But Jeon Woo-chi's voice could still be heard from within the bottle.

"I'm from a poor home so it was always cold; I'm so thankful for making it this warm inside of the bottle."

At these words, the king was infuriated and said, "Take the bottle holding this scoundrel out of the cauldron immediately and crush it into dust."

After taking the bottle out of the cauldron, the officers crushed it with a very heavy hammer. But that was after Jeon Woo-chi had already disappeared to somewhere else.

**p.22**

Jeon Woo-chi's voice was heard from the sky.

"I, Jeon Woo-chi, will depart now."

Now the king and his retainers realized that they could never catch Jeon Woo-chi. One retainer said this to the king:

"As Jeon Woo-chi is someone who can use strange magic, we cannot treat him recklessly. So we must move his heart and call him to the palace, and then get rid of him at the proper moment."

The king heard this and, so that Jeon Woo-chi would come to the palace on his own, he posted the message where everyone could see it.

> "Jeon Woo-chi, you have committed a great crime against this nation, but I praise the heart you have for helping those in need. Your knowledge and skills are also incredible, and so I wish to give you a position in the government so that you can do even better work. I will do as if everything up until now had never happened, so come with a fresh heart to the palace and take the position offered to you by me, the king."

The rumor spread quickly throughout the whole country.

# 3
## Jeon Woo-chi in the Mirror

**p.23**

Meanwhile, Jeon Woo-chi, having escaped the palace, was traveling around riding a cloud and helping people who were suffering unfair circumstances. One day, he was walking along the road when he saw a white-haired old man crying very sadly. Jeon Woo-chi went up to the old man and asked why he was crying.

"My name is Lee and I live in this village. I'm 73 this year, but something unfair happened

to my only son and he's in jail and I'm so upset."

"I may not be much help, but please tell me what kind of unfair thing happened."

"My son was close with a person named Mr. Wang, but that person's wife started dating Mr. Jo. Mr. Wang found out and fought terribly with Mr. Jo. My son, who witnessed this, stopped the fight and everyone went back home."

The old man couldn't hide his upset expression and continued speaking.

**p.24**

"But Mr. Wang suffered for a few days and then ended up dying. And then his family told the authorities. So Mr. Jo, and my son were put in jail. But all my son did was stop their fight..."

"Oh no, even when all he did was stop the fight?"

"But Mr. Jo gave Minister Yang Mundeok a lot of money and was able to get out of jail. Meanwhile, my son, who committed no crime, was tried and falsely accused of murder. Could there be anything else so upsetting and unfair in all the world?"

The old man cried sadly as he spoke. To comfort the old man, Jeon Woo-chi said this:

"Sir, this false accusation is bound to be removed, so don't be too upset."

And Jeon Woo-chi turned into a stream of wind and entered Minister Yang's house. Just then, Minister Yang was in the main room of his house looking into the mirror. Jeon Woo-chi, who thought this was a fine coincidence, transformed his appearance into that of the dead Mr. Wang and went inside of the mirror Minister Yang was looking into.

**p.25**

"I'm Mr. Wang, who was struck and killed by Mr. Jo. Mr. Jo is the one who killed me, but why is the son of Mr. Lee, who committed no crime, locked up in jail? It isn't too late, so go free that young man and lock Mr. Jo away. If you don't, I'll go to the palace and reveal all of your misdeeds."

Jeon Woo-chi said this and then transformed into wind again and disappeared. Frightened, Minister Yang called for Mr. Jo to tell him what had happened. But even hearing what Minister Yang said, Mr. Jo wasn't frightened at all. So Jeon Woo-chi, having transformed his appearance back into the dead Mr. Wang's, appeared and spoke.

"Mr. Jo, you scoundrel! Not only did you steal my wife, you killed me, and now you even try to frame an innocent person; you truly deserve divine punishment!"

The two men were greatly startled by the appearance of the dead Mr. Wang, and Mr. Jo, who was frightened, spoke honestly about everything to Minister Yang. Minister Yang freed the son of Mr. Lee, who had been unfairly accused, and captured Mr. Jo and locked him away.

Seeing his son return alive, the old man was so happy that he hugged his son tightly and cried. Jeon Woo-chi, who watched the old man and his son with a warm gaze, rode his cloud once more and departed for somewhere else.

## 4

## Jeon Woo-chi Teaches a Lesson to People who Look Down on Him

**p.26**

Then another day, Jeon Woo-chi heard the sound of a pleasant song as he was passing by on his cloud without doing anything in particular. After landing from the side where he could hear the music, from up close, he saw that a feast was being held.

"I'm just a passerby, but the song was so pleasant that I came to look on for a short while."

When Jeon Woo-chi introduced himself like this, the person holding the feast gave him permission to attend. But among the guests attending the feast were two men named Seol-saeng and Woon-saeng, and they stared at Jeon Woo-chi, who looked poor, with a regard of disdain.

"Thank you for treating me, a guest who wasn't invited to this feast, to such delicious food."

When Jeon Woo-chi spoke with a sincerely thankful heart, Seol-saeng said: "We've eaten delicious food like this many times before. But maybe this is the first time for you in a place like this."

**p.27**

Hearing this, Jeon Woo-chi didn't show that he was even a little bit upset and said: "I'm not so sure. It seems like there are a lot of foods missing from this fancy feast."

When Jeon Woo-chi, who looked poor, said this, Seol-saeng's pride was badly hurt.

"What on earth is that?"

"There isn't any fresh fruit, is there?"

As he said this, many people around him

spoke, sneering.

"It's the early spring now, so it isn't the season for fruit. You don't even know about how the seasons change."

But Jeon Woo-chi smiled as he spoke.

"When I was passing by here, I saw several fruit trees."

Then, in order to embarrass Jeon Woo-chi, Woon-saeng suggested:

"Then go and bring one of those fruits."

"What will you do if I bring one?"

When Jeon Woo-chi asked this, Woon-saeng answered confidently.

"If you really bring one back, I'll bow to you."

"Then wait right here. I'll go straight away to pick a fruit and bring it back."

Jeon Woo-chi went to a small mountain in the village and said a spell over the prettily flowering peach blossoms. And then the blossoms all turned into fresh fruit.

p.28

Jeon Woo-chi returned to the feast carrying the fruit, and the guests in attendance saw the fruit he brought and were all shocked.

"You have a very remarkable talent."

People brought good liquor to Jeon Woo-chi. As he drank the liquor, he spoke to Seol-saeng and Woon-saeng.

"If you judge someone badly only by their appearance, you'll end up paying for it some day."

p.29

But the two men didn't believe what Jeon Woo-chi said. Then Seol-saeng and Woon-saeng hurried to the toilet to answer the call of nature but came rushing back in surprise. All of a sudden the toilet had disappeared. What's more, after coming back, the two men couldn't move their bodies. Seol-saeng and Woon-saeng didn't know what to do in this unbelievable situation. A wise man named Oh-saeng realized that Jeon Woo-chi wasn't an ordinary person and spoke.

"Please forgive those two men. We made a grave mistake against you in our ignorance, sir, without knowing what we were doing."

Thanks to the humble Oh-saeng, Jeon Woo-chi laughed loudly and nodded his head in forgiveness. And then Jeon Woo-chi fed the fruit to Seol-saeng and Woon-saeng and the two men's bodies soon recovered. All the people who had come to the feast bowed down and spoke.

"We didn't know that a Taoist hermit was before us and we made a grave mistake."

"Please forgive us."

Jeon Woo-chi told the people to enjoy their feast and went on his way once again.

## 5

## A Remarkable Picture Jeon Woo-chi Gives Away

p.30

One day, as he went here and there helping

people who were in trouble, Jeon Woo-chi saw a man on the road crying alone. Jeon Woo-chi went up to the man and asked him the reason.

"Why are you crying so sadly?"

The man stopped crying and spoke to Jeon Woo-chi.

"My name is Han Ja-gyeong. My father passed away and my family is poor so we don't have the money to hold a funeral, and we're so poor that I can't even give food right now to my elderly mother who lives with me."

Hearing these words, Jeon Woo-chi thought that he needed to help this man. After a moment, he took a picture out from inside his clothes.

"I'll give you this picture so hang it on your wall, and if you call out "Go-jik," a boy will appear from inside. At first, tell him to bring you 100 silver coins of nyang and hold your father's funeral. After that, ask him to bring you only one nyang coin each day."

## p.31

Han Ja-gyeong took the picture that Jeon Woo-chi gave him, but he didn't believe him. But it seemed that it would be alright if he did as Jeon Woo-chi said.

"Thank you very much. Please tell me your name."

"I'm Jeon Woo-chi, from the southwest."

Han Ja-gyeong went back home and tried saying, "Go-jik, come out!" And a boy really did come out of the picture to answer him. He was very startled, but remembering what Jeon Woo-chi had said to him, he told the boy to bring him just 100 silver coins of nyang. The boy went back into the picture and brought out 100 silver coins of nyang. Han Ja-gyeong would be able to hold his

father's funeral with that money and was very pleased.

p.32

But then Han Ja-gyeong got greedy. He thought that rather than bringing one nyang each day, it would be better to get a lot of money all at once. So he called for Go-jik in the picture.

"Go-jik, bring me another 100 silver coins of nyang this time as well."

"I can't."

"I said bring them to me, quickly."

"I really can't."

But because Han Ja-gyeong kept telling him to bring 100 silver coins of nyang, Go-jik had no choice but to open to storehouse in the picture. When Go-jik told Han Ja-gyeong to follow him, Han Ja-gyeong went after him into the storehouse. There was a lot of silver in the storehouse and Han Ja-gyeong meant to take just 100 silver coins of nyang from the lot.

But he couldn't see Go-jik anymore and the storehouse door was closed. Surprised, he called to the boy and said, "Go-jik, open the door!" but there was no answer. Afterwards, he kept banging on the door and shouting, but the door didn't open.

That storehouse was actually the government's storehouse. When the storehouse keeper heard the sound of someone banging on the door and opened it, he saw Han Ja-gyeong standing there holding 100 silver coins of nyang.
"So you're stealing money from the country! Who on earth are you?"

**p.33**

Han Ja-gyeong, who had followed a boy into a picture, found the situation very difficult.
"All I did was go into a storehouse in a picture in my house – I really don't know what happened."
When a minister Yang asked Han Ja-gyeong who he received the drawing from, Han Ja-gyeong answered that a man named Jeon Woo-chi had given it to him. Hearing this, the minister Yang was surprised and put Han Ja-gyeong in prison, and then told his men to investigate the storehouse once more.
After a while, his men ran up to him looking embarrassed and spoke.
"All the silver and the money in the storehouse has been turned into green frogs and snakes!"
Just then, the other storehouse keepers also ran up and spoke.
"All the rice that was in the rice storehouse has been turned into bugs!"
"All the spears that were in the weapon storehouse have been turned into sticks!"
And then the court ladies ran up in a great hurry and spoke.
"Tigers have entered the palace and are roaming around, each with one court lady riding on their back!"
Because of the tigers in the palace, it grew very boisterous and the king gave an order.

"Those tigers were clearly made with Jeon Woo-chi's magic, so make sure to shoot and kill them with arrows!"

**p.34**

At the king's order, archers shot their arrows wildly. And then suddenly, a black cloud rolled in and took the tigers and the court lady up into the sky. The king's retainers, who saw this, said that Han Ja-gyeong must be a friend of Jeon Woo-chi's and should be killed. When Han Ja-gyeong faced the danger of death, a strong wind suddenly began to blow. In the long moments when the people could do nothing because of the wind, Han Ja-gyeong disappeared. The wind that had suddenly blown in was Jeon Woo-chi, who had transformed himself in order to save Han Ja-gyeong.
After saving Han Ja-gyeong, Jeon Woo-chi spoke.
"I gave you the picture because your circumstances were unfortunate, so why didn't you follow what I told you? Because of your greed, something all the worse ended up happening to you. From now on, throw away your excessive greed and live well."
At Jeon Woo-chi's words, Han Ja-gyeong came to know his mistake and began to cry. Jeon Woo-chi, who was traveling around the country after sending Han Ja-gyeong back home, discovered by chance the message that the king had posted. It was the message offering him a government position. He knew what the king's retainers were truly thinking, but he pretended that he didn't and went into the palace to meet the king. The king, who heard the news that Jeon Woo-chi had entered the palace of his own accord, thought:

**p.35**

"First, I'll forgive what Jeon Woo-chi has done up until now and have him use his Taoist magic as one of my retainers. And after that, I'll get rid of him at a good opportunity."
Jeon Woo-chi, who had entered the palace, bowed down in front of the king.
"Jeon Woo-chi, you scoundrel! Do you know what you've done wrong?"
"Yes, I know full well how great are the crimes I've committed."
Seeing Jeon Woo-chi admitting his own wrongdoing, the king gave him the position of military staff guard. And he had him live in the palace and take care of these affairs. At that time, some of the narrow-minded military staff guards were afraid of Jeon Woo-chi and hated him very much in their hearts.
They tried to bully Jeon Woo-chi, only to be tricked by his magic. And then after all having the same dream of being harshly scolded by Jeon Woo-chi, the military staff guards were all very kind to Jeon Woo-chi and got along with him well.

# 6
## Jeon Woo-chi Fights Leader of the Bandits, and Wins

**p.36**

A few months passed since Jeon Woo-chi had received his government position. At that time, very urgent news came to the palace from Hamgyeong-do Province. This is what the message for the king from Hamgyeong-do Province said:

"The bandits who lived in the mountains have come down to the village and are stealing and making things difficult for the people. The people of the village have fought the bandits a few times, but their leader is too strong and they cannot possibly win. I hope that the country can send brave generals who can fight against the bandits and win."

The king intended to hold a meeting to choose generals to send to the village, but nobody wanted to go there for fear of dying. Then Jeon Woo-chi came forward and spoke.

**p.37**

"Military staff guard Jeon Woo-chi speaking, Your Majesty. If you send many generals to the village to fight off the bandits, it will make the people of the village uneasy. If you give me permission, I will try fighting the bandits alone."
The king heard Jeon Woo-chi's words and was very pleased. And then he poured some liquor for him and gave him a long sword. Jeon Woo-chi took the sword with care and took just a few soldiers with him and set off for Hamgyeong-do Province. The people in Hamgyeong-do heard that General Jeon Woo-chi was coming and they were all happy. Having arrived in Hamgyeong-do Province, Jeon Woo-chi first gathered the soldiers and went to the mountain where the bandits were hiding. And he told them to hide out of the bandit's sight. After a while, Jeon Woo-chi transformed into an eagle and flew up the high mountain. He examined where the bandits were, and discovered a particularly

93

noticeable person. That person was the leader of the bandits himself, Eom Joon. Eom Joon was much taller than the average person, and his bones were thick and he looked strong.

As Jeon Woo-chi looked down from the sky, he saw that Eom Joon was leading many men and acting as if he is a king. Jeon Woo-chi made his mind up to watch Eom Joon a little more. So he went into the bandits' fortress and the bandits were holding a big feast with the grain they had stolen. Jeon Woo-chi thought that he should startle the bandits.

### p.38

So Jeon Woo-chi used magic and made many eagles. And then scores of the eagles flew at the bandits' feast table, biting at it and flying off with it. And a very strong wind blew inside the fortress. All of this happened in the blink of an eye, and the bandits held on tight to pillars or trees so as not to be blown away.

### p.40

For a long while, Jeon Woo-chi threw the bandits into confusion and then returned to where the soldiers were hiding.

When Jeon Woo-chi disappeared, the strong wind suddenly stopped and became quiet as if nothing had happened. The bandits were all so surprised that they couldn't say a word. After one night had passed, Jeon Woo-chi, together with the soldiers, attacked the place where the bandits were. Up until then, Eom Joon, the leader of the bandits had been thinking constantly about the strange things that had happened at the feast the day before. And then he saw the soldiers who suddenly attacked and was shocked. But he

94

soon rode his horse and prepared to fight with his men.

"Who on earth is the foolish general who's come to fight Eom Joon?"

Shouting this, he rushed at Jeon Woo-chi and the soldiers. Jeon Woo-chi, also riding a horse, came forward. And he shouted to Eom Joon that he was Jeon Woo-chi, a military staff guard who had come after receiving orders from the king. Soon after, the fight began. They fought so hard that sparks flew from their swords, but no one could be declared the victor.

Eom Joon shouted at Jeon Woo-chi with confidence.

"I'll definitely have your head today, you scoundrel!"

### p.41

Jeon Woo-chi was so angry that he leapt at Eom Joon. But Eom Joon was so strong that even Jeon Woo-chi could not win against him. Jeon Woo-chi quickly used his magic and, after making a fake Jeon Woo-chi, had it fight with Eom Joon. Eom Joon didn't know that it was a fake Jeon Woo-chi, and when he was fighting and suddenly heard Jeon Woo-chi's voice from above, he was very surprised. Looking up, from the sky where there was nobody, a long sword was falling towards him. Eom Joon fell off his horse while running away to avoid the sword, and Jeon Woo-chi captured him and tied him up. But Jeon Woo-chi didn't want to kill Eom Joon, who is good at fighting. So he spoke to the trapped Eom Joon in a loud voice.

"Eom Joon, you scoundrel! You don't use your remarkable abilities for good and instead became the leader of the bandits, and so you deserve to die. And you took the money and lives of others and threatened them. Your family and your relatives should pay for your sins with their death just like you."

Eom Joon heard this and cried as he spoke.

"I committed a crime for which I deserve to die, General Jeon Woo-chi. If you forgive me, general, with your heart as wide as the ocean, I'll never forget your kindness and will become a person who helps the country."

### p.42

Jeon Woo-chi looked carefully at Eom Joon and it seemed he was sincerely admitting his misdeeds. So he freed Eom Joon and spoke.

"People are born good but because of bad thoughts, are bound to commit many sins. Eom Joon, you seem to know well what wrongs you have done, so I'll spare your life. Become a new man and the next time there is difficulty for the country, you must bravely take action."

At Jeon Woo-chi's words, Eom Joon bowed to him again and again, and went back to his hometown. The other bandits also promised from then on to help out earnestly the next time something happened to the country, and went back to their hometowns as new men. When Jeon Woo-chi returned to the palace after sending the bandits who had been bothering the villagers back along their way, the king was very happy and highly praised the actions Jeon Woo-chi had taken for the country. Because of that, Jeon Woo-chi was able to receive big awards from the king.

## 7

# Jeon Woo-chi Is Framed

**p.43**

Now, the king had come to think of Jeon Woo-chi as a retainer whom he could trust. This was because, though previously he had gotten up to all sorts of things and made a commotion in the palace, he no longer did anything bad. And so life in the palace passed by peacefully.

But then one day, a rumor began to spread in the palace that Jeon Woo-chi was going to betray the king. But in fact, that rumor was a lie that had been made up by people who wanted to steal the throne. The king ordered his retainers to find the people who had spread the rumor and bring them to him. The people who wanted to steal the king's seat were caught and brought to the palace. One of them said this to the angry king:

"It is difficult for ordinary people to even make a living, but the people working for the government only fight amongst themselves for their own interests. That is why we're trying to make the remarkably talented Jeon Woo-chi the new king."

**p.44**

At these words, the king grew very angry and called immediately for Jeon Woo-chi. Jeon Woo-chi knew nothing and was very surprised to hear the king's words. He said that he had never once intended to betray the king. But just then a man said that there was a piece of paper with the names of the traitors and Jeon Woo-chi's name was on it. The person who had shown the evidence with Jeon Woo-chi's name written on it was a person in a high government position named Wang Yeon-hee. Wang Yeon-hee hated Jeon Woo-chi. And so, though he knew that Jeon Woo-chi had nothing to do with this, he pretended not to. Rather, he said that the people whose names were written on the paper should definitely be punished.

"This is truly unfair to me."

No matter how much Jeon Woo-chi told the truth, the king didn't believe him. His retainers tied Jeon Woo-chi up tightly and hit him wildly with a large club. But no matter how they hit him, Jeon Woo-chi didn't make a sound and stayed silent. Ordinary people would have collapsed immediately after being hit only a few times, but Jeon Woo-chi instead spoke this in a clear voice:

"I, Jeon Woo-chi, make one last request of Your Majesty. It is unavoidable that I'll die unfairly because of a false rumor, but please allow me to show to the people of the world a talent that I haven't been able to show until now before I die. Otherwise, even after I die, I will torment people."

**p.45**

Jeon Woo-chi's last request was that he wanted to draw a picture. Because the king didn't want to disappoint Jeon Woo-chi, he gave him paper and a brush so that he could draw. When the retainers released Jeon Woo-chi, he held the brush and began to draw a mountain on the paper. And after he drew a stream and waterfall, he drew a horse as well.

"I will never forget Your Majesty's kindness until I die."

He said this and then bowed to the king. When all the people gathered around saw this, they thought it was strange.

"Now I, Jeon Woo-chi, will leave the palace, go deep into the mountains and live quietly hidden away. For allowing me to draw the mountain where I'll hide and the horse I'll ride there, I thank you sincerely."
Jeon Woo-chi, who had finished speaking, went deep into the mountains that he had drawn and disappeared.
"Oh no, I've been tricked by Jeon Woo-chi!"
The king was angry to know he'd been tricked by Jeon Woo-chi, but Jeon Woo-chi had already disappeared and was gone. So he had no choice but to punish only the people who were still there.

p.46

Meanwhile, Jeon Woo-chi, who had disappeared into the drawing, was thinking he should mock Wang Yeon-hee, who had said to punish him. So he transformed his appearance into Wang Yeon-hee's and then went into the house in which he lived. Becasue Wang Yeon-hee still hadn't come back home, no one thought it was strange. But in the evening, the real Wang Yeon-hee returned. As there were two of the same person in one house, all of the family was shocked. When Jeon Woo-chi shouted at Wang Yeon-hee that he was the fake, Wang Yeon-hee shouted that he was real and Jeon

Woo-chi was the fake. Jeon Woo-chi heard this and spoke.
"There's a way for us to know who is the real one. Go get one bowl of cold water and one bowl of dog's blood."

p.47

At these words, the servants quickly ran and brought the things Jeon Woo-chi had said. Jeon Woo-chi poured them onto the real Wang Yeon-hee's face and said a spell. And then the real Wang Yeon-hee turned into a fox with nine tails. The servants tied up the body of Wang Yeon-hee, who had turned into a fox, tightly with rope. Jeon Woo-chi told them to leave the fox hanging in the storehouse. Trapped in the storehouse, Wang Yeon-hee shed tears in sadness at his appearance having become that of a fox. After a few days, Jeon Woo-chi approached Wang Yeon-hee who had become a fox and said:
"Wang Yeon-hee, you scoundrel! Now that you've also suffered something unfair, how does it feel? Since you tried to falsely accuse someone innocent and to look good in front of the king, it's natural for you to suffer something like this! But even if you only start right now, throw away your bad intentions and go to the king and truly tell him Jeon Woo-chi is innocent. Since I know how precious a person's life is, I'm forgiving you. Make sure that this kind of thing never happens again!"

p.48

After Jeon Woo-chi finished speaking, he turned Wang Yeon-hee back from a fox into a person. Moved by Jeon Woo-chi's generous heart, Wang Yeon-hee got down on the ground and bowed to him. Jeon Woo-chi knew that Wang Yeon-hee had thrown away his bad intentions and he disappeared between the clouds. Seeing that the fox was nowhere to be seen, Wang Yeon-hee's family thought it had run away. Wang Yeon-hee, who was left alone, repeatedly thanked Jeon Woo-chi for having forgiven him.

# 8
# Jeon Woo-chi Has a Special Experience

**p.49**

Jeon Woo-chi, who for a long while had lived only in the palace, began to travel here and there again alone like before. He went to find a scholar named Yang Bong-hwan, with whom he had studied reading and writing when he was young. Yang Bong-hwan had become a well-known rich man in the village he was living in. But he had been lying down for some time.

"What ails you that you're lying down like this?"

"It's not that my body is sick, but I feel pressure in my chest and I don't want to eat anything, is the trouble."

"Hm, that's quite a strange illness. Let me try to take your pulse."

In order to find out what illness Yang Bong-hwan had, Jeon Woo-chi used his fingers to take his pulse.

"It's not that your body is sick in particularly, just an illness of thinking too much about a person. Who on earth is that person?"

At Jeon Woo-chi's words, Yang Bong-hwan sighed and spoke.

**p.50**

"A long time ago, my wife passed before me from an illness and I lived alone. But in the neighboring village, there's a very pretty and kind woman named Ms. Jeong. She's 23 years old, and since her husband died, she lives with her mother-in-law. She's a very good-hearted person."

"Then you're thinking about that woman, Ms. Jeong."

"Yes. I've proposed to her several times, but Ms. Jeong has refused me each time."

"See here, friend. I'll look into it, so you wait here."

After he finished speaking, Jeon Woo-chi rode his cloud and went to the Ms. Jeong's house. Ms. Jeong was in her room sewing, and at the sound of someone calling for her, she opened the door and went outside. Just then, a man appeared atop a cloud.

"Ms. Jeong, you must go to the Jade Emperor's feast in the heavens, so quickly prepare to leave."

Ms. Jeong and her mother-in-law, who had followed her outside, were shocked. Ms. Jeong bowed her head and spoke.

"How could I dare to go to a feast in the heavens?"

"You don't need to worry about that. All kind people who have lived caring for their mother-in-law can go to the feast."

**p.51**

After Jeon Woo-chi finished speaking, he gave Ms. Jeong a ride on his cloud. Jeon Woo-chi was riding the cloud with Ms. Jeong to Yang Bong-hwan's house, but suddenly, Ms Jeong fell off. Because Jeon Woo-chi had never experienced something like this before while using magic, he was very surprised. He tried to grab hold of Ms. Jeong again but a boy appeared before Jeon Woo-chi. Because he looked like a weak boy, Jeon Woo-chi, who thought it was nothing special, tried to simply pass him by. Then the boy grew angry and said.

"Jeon Woo-chi, you scoundrel! Where are you going!"

**p.52**

Having a boy suddenly appear and yell at him, Jeon Woo-chi grew angry as well. But the boy spoke in a voice a little louder than before.

"You've helped people with the few tricks you know, but little by little, you're using that magic however you please! I can't see that and sit still, so I appeared in front of you like this. To deceive the kind Ms. Jeong for your friend's sake is very wrong. In the place of the heavens, so I've made your magic go away!

Jeon Woo-chi listened to the boy's words and then asked him his name.

"I'm Young Master Gangrim. By the will of the heavens, I've come to make this troubled world peaceful. I'll give your magic back so go bring Ms. Jeong back to her mother-in-law's house. For the sake of your friend Yang Bong-hwan, instead of Ms. Jeong, I'll introduce him to someone who looks just like her."

Young Master Kangrim gave one very small pill to Jeon Woo-chi as he spoke.

"Go explain the situation to the woman at the well side there and ask her to take this medicine. She grew up alone with no parents, and her name and age are the same as Ms. Jeong's. If she eats this medicine, she'll transform to appear exactly the same as Ms. Jeong."

**p.53**

Jeon Woo-chi went to the well side where the woman was whom Young Master Gangrim had mentioned, and he explained Yang Bong-hwan's situation and his personality to her. Then this Ms Jeong of the well side said that she had lived alone and lonely, so if it was with an affectionate person like Yang Bong-hwan, she could live happily and well, and so she ate the medicine Jeon Woo-chi gave her.

Jeon Woo-chi went with Ms. Jeong of the well side to Yang Bong-hwan's house. And then he showed Yang Bong-hwan, who was sick and lying down, that he had come together with Ms. Jeong. As soon as he saw Ms. Jeong, Yang Bong-hwan was very happy. This was because he thought it was the Ms. Jeong from the neighboring village who he had liked. After that, Yang Bong-hwan's illness cleared up. Yang Bong-hwan got better and was very good to Ms. Jeong of the well side, and Ms. Jeong of the well side thanked Jeon Woo-chi again and again for helping her meet a good man. Jeon Woo-chi came out of Yang Bong-hwan's house, seeing the two of them living well while cherishing each other.

# 9
## Jeon Woo-chi Meets Seo Hwa-dam

**p.54**

After meeting Young Master Gangrim, Jeon Woo-chi realized an important fact and made up his mind to go back into the mountains. He rode his cloud and went to a mountain to find a scholar named Seo Hwa-dam.

Seo Hwa-dam understood very well the things that went on in the world and his heart was pure. However, rather than living in the troubled world, he preferred to live in the mountains and farm. Jeon Woo-chi had wanted to meet this Seo Hwa-dam for a long time. When he met him, just as rumor said, Seo Hwa-dam's incredible mind could be seen across his whole face. Jeon Woo-chi greeted him politely and Seo Hwa-dam also spoke gently.

"I've already heard about Master Jeon Woo-chi, your remarkable magic and know all about it. Thank you for coming all this way to see me. But may I ask you for a favor?"

"What kind of favor?"

**p.55**

"When I was young, there was a teacher who taught me to read and write. He is Ascetic Woonsoo. He's currently living on a large island in the south sea, and he always stays inside of a volcano."

Hearing what Seo Hwa-dam said, Jeon Woo-chi also wanted to meet Ascetic Woonsoo.

"I see. And so?"

"And so this teacher has sent me letters several times, but I'm sorry to say I have never once been able to send him a reply. Master Jeon Woo-chi, I'd like you to deliver a letter in my place."

Jeon Woo-chi listened to Seo Hwa-dam speak and, without any doubt, said right away that he would. Then Seo Hwa-dam gave Jeon Woo-chi a letter and, with a very worried face, asked if it would really be okay even though the volcano where Ascetic Woonsoo lived was very dangerous. Jeon Woo-chi's pride was hurt at those words and so he said:

"If I can't deliver this letter, I'll take care of you forever, Master Hwa-dam, here."

At Jeon Woo-chi's reply, Seo Hwa-dam smiled brightly and told Jeon Woo-chi to come back safely. Jeon Woo-chi transformed into a hawk and flew to the island where Ascetic Woonsoo lived. But when he tried to go to the volcano on the island, a huge net appeared in front of his eyes. Because he couldn't escape through the small holes of the net in the shape of a hawk, he transformed again into a mosquito.

**p.56**

When he transformed into a very small mosquito, the net transformed again into a spiderweb. If he stayed this way, Jeon Woo-chi, who had transformed into a mosquito could have been caught in the spiderweb and died. Jeon Woo-chi tried to use every magic spell he could to get to the volcano, but it wasn't easy. In fact, all of these things had been made by Seo Hwa-dam using magic.

**p.58**

At last, he realized it was impossible with his talents and he returned to where Seo Hwa-dam was.

"Ha ha ha, you left after speaking so confidently, so why have you simply returned? From now on, as you promised, you have to live here with me."

At Seo Hwa-dam's words, Jeon Woo-chi tried to run away, but the magic of Seo Hwa-dam was much stronger, so he couldn't run away. Seo Hwa-dam spoke in a loud voice to Jeon Woo-chi.

"You made me a promise, so why aren't you keeping it and trying to run away? Shouldn't you have to keep a promise you made for yourself?"

"My thinking was shortsighted. Please forget about that promise.

Then Seo Hwa-dam said this, in a voice a little softer than before:

"It's very wonderful to use talents that others don't have to do good things. But you can't think that everything in the world can be done just through that. Because eventually, someone with even more remarkable talents is bound to appear."

Jeon Woo-chi heard Seo Hwa-dam's words and recalled the things he'd done until now, one by one.

He had used magic to help others, but he had also used it a lot simply because it was fun. Jeon Woo-chi regretted his actions.

**p.59**

"I wasn't careful this whole time. From now on, I'll stop using my magic."

"You've thought well. The magic you've used up until now has only helped this troubled world a little bit. So now concentrate with me on finding a way to become a big help to the world.

After that, Jeon Woo-chi gave everything up and left the world and went to Taebaeksan Mountain with Seo Hwa-dam. And for the rest of his life, he studied and learned magic to become a big help to the chaotic world.

MEMO

**Darakwon Korean Readers**

# 전우치전 The Story of Jeon Woo-chi

**Adapted by** Kim Yu Mi, Yoon Kyeong Won
**Translated by** Jamie Lypka
**First Published** October, 2022
**Publisher** Chung Kyudo
**Editor** Lee Suk-hee, Baek Da-heuin, Lee Hyeon-soo
**Cover Design** Yoon Ji-young
**Interior Design** Yoon Ji-young, Yoon Hyun-ju
**Illustrator** SOUDAA
**Voice Actor** Shin So-yun, Kim Rae-whan

**Published by** Darakwon Inc.
Darakwon Bldg., 211 Munbal-ro, Paju-si, Gyeonggi-do
Republic of Korea 10881
Tel : 82-2-736-2031  Fax : 82-2-732-2037
(ext.: 250~252, ext.: 420~426)

**Price**  9,000 won

**ISBN**  978-89-277-3301-0 14710
          978-89-277-3259-4 (set)

Visit the Darakwon homepage to learn about our other
publications and promotions and to download the contents of
the MP3 format.

**http://www.darakwon.co.kr**
**http://koreanbooks.darakwon.co.kr**